새 연세한국어 말하기와 쓰기 2-1

연세대학교 한국어학당 편

연세대학교 출판문화원

머리말

연세대학교 한국어학당은 1959년에 설립된 한국 최초의 외국어로서의 한국어 교육 기관이다. 연세대학교 한국어학당은 그간의 역사와 명성에 걸맞게 다양한 한국어 교재 편찬 및 관련 연구를 해 옴으로써 한국어 교육을 선도해 왔다. 지금까지 전 세계에서 온 약 147개국의 14만 명에 이르는 한국어 학습자들에게 한국어와 한국 문화를 가르쳐 왔으며, 최근에는 오프라인 한국어 교육뿐만 아니라 세계 각국의 한국어 학습자들을 대상으로 글로벌 온라인 대중 공개 강좌(MOOC)를 개설하여 학습자들로부터 큰 호응을 얻고 있다. 특히 최근 빠른 속도로 변화해 가는 교육 환경에 맞추어 새로운 교수법과 교수 자료 개발에 힘을 기울이는 등 끊임없는 노력을 하고 있다.

연세대학교 한국어학당은 그간 일반 목적 한국어 학습자들뿐만 아니라 특수 목적 한국어 학습자들을 대상으로 정규 과정, 단기 과정, 대학 한국어 과정 등 다양한 교육 과정을 개설 운영하면서 학습자의 요구에 부응하는 최상의 교재를 개발해 왔다. 이러한 교재들은 국내외의 한국어 교육 기관에서 교사와 학습자들의 다양한 요구를 충족시키며 양질의 한국어 교수·학습을 위해 널리 사용되고 있다.

연세대학교 한국어학당은 그간 가장 큰 호응을 받아 왔던 '연세한국어' 1급~6급의 뒤를 이을 새로운 교재로 '새 연세한국어' 시리즈를 기획 출간하게 되었다. 이 교재의 개발을 위해 한국어 교육 현장 경험이 풍부한 전문 한국어 교육학자 및 교사들이 대거 투입되었고 최상의 한국어 교수법 및 학습자 집단의 요구에 대한 이해를 바탕으로 개발 작업이 장기간에 걸쳐 수행되었다.

이번에 출간된 '새 연세한국어' 시리즈는 총 6단계로 각 단계마다 어휘와 문법 교재, 말하기와 쓰기 교재, 듣기와 읽기 교재로 구성되어 있다. '새 연세한국어 어휘와 문법'은 한국어 학습자들이 각 숙달도별로 가장 필수적으로 익혀야 하는 주요 어휘와 문법에 대한 이해와 활용을 중심으로 구성되었다. '새 연세한국어 말하기와 쓰기'는 원활한 한국어 의사소통을 위해 꼭 필요한 표현 기능을 수행할 수 있도록 말하기, 쓰기 과제를 중심으로 구성되었다. 또한 '새 연세한국어 듣기와 읽기'는 듣기, 읽기 과제를 중심으로 각 급별 숙달도에 적절한 이해 능력을 함양시킬 수 있도록 구성되었다. 이 세 권의 교재는 어휘·문법, 표현, 이해 능력의 고른 발달을 위해 패키지로 함께 사용될 수도 있고, 교육 현장 여건이나 학습자의 요구에 따라 별도로 사용될 수도 있다. 또한 어휘와 문법 교재의 경우 별도의 지침서가 무료로 제공되므로 교육 경험이 다소 부족한 국내외의 한국어 교사들에게 유용한 길잡이가 될 수 있을 것이다.

연세대학교 한국어학당은 앞으로도 전 세계의 한국어 학습자들의 요구와 기대에 부응하는 교재 개발을 위해 최선을 다할 것이다. 아울러 본 교재가 국내외에서 한국어 교육을 위해 노력을 아끼지 않는 많은 교사와 한국어 학습을 위해 노력하는 모든 학습자들에게 크게 도움이 되기를 바란다.

연세대학교 언어연구교육원
한국어학당 교재편찬위원회

일러두기

01 이 책은 <새 연세한국어 어휘와 문법 2>, <새 연세한국어 듣기와 읽기 2>와 함께 한국어 초급 학습자들을 위한 교재이다. 특히 <새 연세한국어 어휘와 문법 2>에서 배운 문형과 어휘를 활용해서 말하기와 쓰기의 표현 연습을 할 수 있도록 구성되었다.

02 이 책은 한국어 초급 학습자들이 한국어로 말하고 쓸 수 있는 능력을 키우기 위한 표현 능력 개발 교재이다.

03 이 책은 총 20과이며 각 과는 2개 항으로 구성되어 총 40개 항이 있다. 그리고 2개 과마다 복습을 할 수 있도록 복습 10개 항을 구성했다. 각 항은 각각 50분 수업 분량으로 이 책은 총 50개 항으로 구성되어 있다. 그리고 2개 과마다 한국 문화에 대한 소개가 있다.

04 이 책의 각 항은 '제목, 학습 목표, 준비해 봅시다, 이야기해 봅시다, 써 봅시다'로 구성되었다. 복습항은 선행 학습된 2개 과의 주제와 기능, 어휘와 문형을 활용할 수 있도록 3개의 과제로 구성되어 있다.

05 이 책의 각 과의 제목은 <새 연세한국어 어휘와 문법 2>와 동일하다. 각 항의 제목은 해당 항의 내용 중에서 학습 목표를 드러낼 수 있는 대표적인 문장을 사용했다.

06 학습 목표는 '-에 대해 이야기할 수 있다, 설명할 수 있다, 소개할 수 있다'와 같이 표현 기능이 드러나도록 기술했다.

07 '준비해 봅시다'는 각 항의 들어가기에 해당된다. 삽화를 제시해서 학습자들의 이해를 돕고 2개의 질문을 통해서 각 항의 구체적인 내용을 예측해 볼 수 있도록 구성했다. 질문은 삽화와 관련된 질문 1개와 주제에 관련된 학습자의 경험에 대한 질문 1개로 구성되어 있다.

08 '이야기해 봅시다'는 <새 연세한국어 어휘와 문법 2>에서 공부한 내용을 주제와 관련해서 말해 볼 수 있는 말하기 연습으로 구성되어 있다. 초급 학습자들이 실제적인 상황에서 의사소통 목적을 달성할 수 있도록 다양한 담화 상황을 다루고자 했으며 담화 상황에서 유용한 표현도 함께 제시하여 의사소통 능력 향상에 도움을 주고자 했다. 또한 학습자들의 이해를 돕기 위해서 연습마다 전형적인 대화의 구조를 보여주는 예시를 <보기>로 제시했다.

09 '써 봅시다'는 '쓰고 발표하십시오, 이야기하고 쓰십시오'와 같이 말하기 활동과 쓰기 활동을 연계한 연습으로 구성되어 있다. 학습자들이 텍스트의 기능과 유형에 따른 글의 구조를 익힐 수 있도록 텍스트 구조 표지를 제시하였으며 '쓰고 발표하십시오'의 경우에는 발표할 때 유용한 표현도 함께 제시하여 격식적인 말하기 연습에 도움을 주고자 했다. 또한 글의 구조를 보여 주는 예시를 <모범 답안>으로 제시하여 학습자들이 참고할 수 있도록 했다.

10 '복습'은 3개의 연습으로 구성되어 있다. 앞선 2개 항에서 배운 어휘와 문형, 주제를 통합해서 길게 말하고 쓸 수 있는 연습으로 구성되어 있다.

11 '문화'는 한국의 문화를 소개하고 관련된 한국어 표현을 제시해서 학습자들이 활용할 수 있도록 구성했다.

12 모든 연습은 학습자들이 자신의 한국어 능력 수준에 맞춰 다양하게 표현할 수 있도록 단계적인 연습으로 구성했다. '이야기해 봅시다'는 주어진 상황으로 대화를 조직하는 연습에서 자신의 상황으로 확장해서 연습할 수 있도록 이루어졌으며 '써 봅시다'는 글쓰기를 위한 개요 작성 단계를 포함하여 논리적이고 단계적인 글쓰기 활동이 이루어질 수 있도록 했다.

13 새로 나온 어휘는 해당 페이지의 하단에 제시했다. 또한 새로 나온 모든 어휘의 목록과 해당 어휘가 사용된 항을 부록에 제시해서 학습에 도움을 주고자 했다.

단원 구성

과	제목	학습 목표	문형	문화
1과 인사와 소개	1. 친구가 많아져서 즐거워요	요즘 생활에 대해 이야기할 수 있다.	-게[1] -어지다	다양한 인사 표현
	2. 한국에서 대학교에 들어가려고 한국말을 배워요	전공과 계획에 대해 이야기할 수 있다.	-은 지 -으려고	
2과 친구와 가족	1. 제 친구는 키가 크고 성격이 좋아요	친구의 외모와 성격에 대해 이야기할 수 있다.	-네요 -겠다[2]	
	2. 아플 때는 할머니가 제일 보고 싶어요	가족과 친척을 소개할 수 있다.	-을 때 의	
3과 고향	1. 제주도에 가 봤어요?	고향의 위치를 설명할 수 있다.	만에 -어 보다[1]	한국의 특산물
	2. 공원에 나무가 많기 때문에 공기가 좋아요	고향의 특징을 설명할 수 있다.	-기 때문에 -는데[2]	
4과 집	1. 방이 더 넓었으면 좋겠어요	살고 있는 집의 장단점을 설명할 수 있다.	-었으면 좋겠다 -어야겠다	
	2. 교통은 편리한가요?	집의 구조와 주변 환경에 대해 설명할 수 있다.	-는 중이다 -나요?	
5과 음식	1. 국물에 밥을 말아서 김치와 같이 먹어요	음식을 소개하고 먹는 방법에 대해 이야기할 수 있다.	-어 보다[2] -는데[3]	한식 상차림
	2. 한국 음식을 만들어 본 적이 있어요?	음식 재료와 요리법에 대해 설명할 수 있다.	-은 적이 있다 에다가	

과	제목	학습 목표	문형	문화
6과 시장	1. 아마 마트에서 팔 거예요	물건을 살 수 있는 여러 장소에 대해 설명할 수 있다.	-을까요?[3] -을 거예요[2]	한식 상차림
	2. 등산화를 사고 싶은데 어디에서 사면 좋을까요?	쇼핑 장소를 추천할 수 있다.	-는데[4] -어하다	
7과 쇼핑	1. 한번 입어 봐도 돼요?	사고 싶은 물건에 대해 설명할 수 있다.	-어도 되다 -으면 안 되다	한국의 옷과 신발 치수
	2. 얼마나 마음에 드는지 몰라요	구입한 물건의 장단점을 설명할 수 있다.	ㅎ동사 얼마나 -는지 모르다	
8과 초대	1. 친구들과 같이 송별회를 할까 해	모임에 대해 설명하고 초대할 수 있다.	-어 -을까 하다	
	2. 케이크를 만들어 가지고 갈 거야	여러 가지 상황에 맞는 선물을 추천할 수 있다.	-어 가지고 -지 마	
9과 약속	1. 11시에 하늘 공원에서 만나는 게 어떠니?	약속 시간과 약속 장소를 정할 수 있다.	-는다, -니? -을게요	부탁 예절
	2. 급한 일이 생겨서 약속을 지키지 못하게 됐어	약속을 취소하거나 변경할 수 있다.	-어라, -자 -게 되다	
10과 부탁	1. 미안한데 숙제 좀 도와줄래?	가까운 사람에게 개인적인 부탁을 할 수 있다.	-을래요? -었다가[1]	
	2. 죄송합니다만 사진 좀 찍어 주실 수 있으세요?	여러 상황에서 적절하게 부탁할 수 있다.	-습니다만 -는지 알다	

차례

등장인물 | Main characters

에릭 파커
- 미국
- 한국어학당 학생
- 한국 전자 직원

존 카마우
- 케냐
- 한국어학당 학생
- 교환 학생

사토 유키
- 일본
- 한국어학당 학생
- 기자

리타오
- 중국
- 한국어학당 학생
- 대학 입학 예정자

노라 한슨
- 노르웨이
- 한국어학당 학생
- 대학원 입학 예정자

최주앙
- 브라질
- 한국어학당 학생
- 대학 휴학생

응웬 흐엉
- 베트남
- 한국어학당 학생

레오 마르탱
- 프랑스
- 한국어학당 학생
- 요리사

올리비아 스미스
- 호주
- 한국어학당 학생
- 외교관

이윤아
- 한국
- 대학생

정하늘
- 한국
- 대학생

김우진
- 한국
- 한국 전자 직원

새 연세한국어

말하기와 쓰기 2-1

01과 인사와 소개

1. 친구가 많아져서 즐거워요

• 학습 목표: 요즘 생활에 대해 이야기할 수 있다.

Ⅰ. 준비해 봅시다

- 두 사람이 무슨 이야기를 하는 것 같습니까?
- 여러분의 요즘 생활은 어떻습니까?

이야기해 봅시다

1 처음 만난 친구와 인사를 합니다. 보기 와 같이 이야기하십시오.

리에 / 일본

① **타오** / 중국　② **흐엉** / 베트남　③ **노라** / 노르웨이　④ ____ / ____

보기

가: 안녕하세요? 제 이름은 리에예요. 일본에서 왔어요.
나: 안녕하세요? 저는 중국에서 온 타오예요.
가: 한국 생활이 어때요?
나: 처음에는 힘들었지만 이제는 친구가 많아져서 즐거워요.
가: 만나서 반가워요.
나: 네, 즐겁게 지냅시다.

익숙하다　힘들다　즐겁다　지내다

2 오랜만에 친구를 만났습니다. 보기 와 같이 쓰고 이야기하십시오.

① 

② 

③ 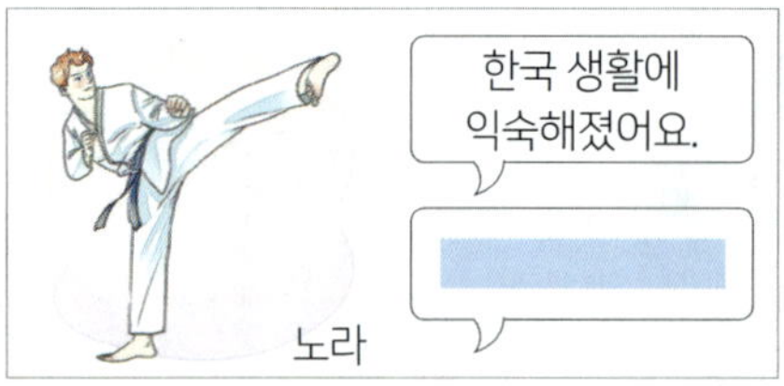

④ 

보기

가: 주앙 씨, 오랜만이에요.

나: 네, 오랜만이에요. 요즘 어떻게 지내요?

가: 잘 지내요. 주앙 씨는 어때요?

나: 친구가 많아져서 즐겁게 지내요.

가: 한국어 공부는 재미있어요?

나: 네, 재미있지만 숙제가 좀 많아요.

가: 주말은 어떻게 보내요?

나: 보통 친구들과 축구를 해요.

가: 시간이 있으면 주말에 한번 만날까요?

나: 네, 좋아요.

오랜만이다　보내다

III. 써 봅시다

1 여러분의 한국 생활은 어떻습니까? 친구와 이야기하고 요즘 생활에 대해 쓰십시오.

질문	친구	나
어느 나라에서 왔어요?		
언제 한국에 왔어요?		
왜 한국에 왔어요?		
요즘 어떻게 지내요?		
한국 생활에 익숙해졌어요?		
한국말 공부하기가 어때요?		
친구를 많이 사귀었어요?		
주말에는 보통 뭘 해요?		

나의 한국 생활

저는 ________ 에서 온 ________ 입니다.
________ 고 싶어서 한국에 왔습니다.
저는 요즘 ________ 게 지냅니다. 한국 생활에 ________
________ 처음에는 한국어 공부가
________ 지만 이제는 ________
____
주말에는 보통 ________
________ 한국에서
친구도 많이 사귀고 한국어 공부도 열심히 하고 즐겁게
지내려고 합니다.

사귀다

01 1과 인사와 소개

2. 한국에서 대학교에 들어가려고 한국말을 배워요

• 학습 목표: 전공과 계획에 대해 이야기할 수 있다.

Ⅰ. 준비해 봅시다

• 이 사람들이 한국어를 배워서 뭘 할 것 같습니까?

• 여러분은 한국어를 배워서 뭘 하고 싶습니까?

이야기해 봅시다

1 친구와 전공에 대해 말합니다. 보기 와 같이 이야기하십시오.

전공	하고 싶은 일
한국어 교육학	선생님이 되고 싶어요.
신문 방송학	방송국에서 일하고 싶어요.
경영학	한국 회사에 들어가고 싶어요.
천문 우주학	대학원에 가서 공부를 더 하고 싶어요.
컴퓨터 공학 / 경제학 / 의학 / …….	

① 흐엉

· 대학교에 들어가려고
· 전공: 한국어 교육학

② 노라

· 대학원에 들어가려고
· 전공: 신문 방송학

③ 존

· 연세 대학교에 다니려고
· 전공:

④

·
· 전공:

보기

가: 흐엉 씨는 왜 한국어를 배워요?
나: 한국에서 대학교에 들어가려고 한국어를 배워요.
가: 뭘 전공하실 거예요?
나: 한국어 교육학을 전공하려고 해요.
가: 졸업한 후에는 뭘 하고 싶어요?
나: 고향에 돌아가서 선생님이 되고 싶어요.

한국어 교육학　신문 방송학　경영학　천문 우주학　컴퓨터 공학　경제학　의학
방송국　대학원　전공하다　졸업하다

2 친구와 앞으로의 계획에 대해 말합니다. 보기 와 같이 이야기하십시오.

① **노라** / 한국어 공부 3개월	② **레오** / 한국어 공부 4개월	③ **타오** / 한국어 공부 5개월	④ ___ / 한국어 공부 ___개월

· 대학원에 들어갈 거예요. · 신문 방송학을 전공할 거예요.	· 한국에서 프랑스 식당을 열 거예요. · 한국에 제 고향 요리를 소개할 거예요.	· 한국에서 대학교에 들어갈 거예요. · ___	· ___ · ___
· 방송국에서 일하고 싶어요.	· 한국어로 프랑스 요리를 가르치고 싶어요.	· ___	· ___

보기

가: 노라 씨, 요즘 한국어 공부하기가 어때요?

나: 문법이 좀 어려워졌지만 재미있어요.

가: 한국어를 공부한 지 얼마나 됐어요?

나: 한국어를 공부한 지 삼 개월 됐어요.

가: 그렇군요. 한국어를 배워서 뭘 할 거예요?

나: 대학원에 들어가서 신문 방송학을 전공하려고 한국어를 배워요.

가: 아, 그래요? 앞으로 뭘 하고 싶어요?

나: 방송국에서 일하고 싶어요.

가: 노라 씨는 잘 할 수 있을 것 같아요.

나: 고마워요.

앞으로

쓰 봅시다

여러분은 왜 한국어를 배웁니까? 여러분의 계획을 쓰고 발표하십시오.

한국어 공부를 시작한 때	
처음에 한국어 공부를 시작한 이유	
지금 한국어를 공부하는 목적	
앞으로 한국어를 다 배운 후의 계획	

한국어를 배운 후의 계획

저는 ______ 에서 온 ______ 입니다.

저는 한국어 공부를 시작한 지 ______

처음에는 ______

______ 어서/아서/여서

한국어 공부를 시작했습니다.

지금은 ______

______ 으려고/려고

한국어를 공부하고 있습니다.

앞으로 한국어를 다 배운 후에는 ______

______

______

여기까지 한국어를 배운 후의 저의 계획 이야기였습니다.

들어 주셔서 고맙습니다.

이유 목적

02과 친구와 가족

1. 제 친구는 키가 크고 성격이 좋아요

• 학습 목표: 친구의 외모와 성격에 대해 이야기할 수 있다.

Ⅰ. 준비해 봅시다

- 에릭 씨가 어떤 사람인 것 같습니까?
- 여러분이 한국에서 자주 만나는 친구는 어떤 사람입니까?

야기해 봅시다

1 친구 사진을 보고 있습니다. 다음 표현을 사용하여 보기 와 같이 이야기하십시오.

어떻게 생겼어요?	성격이 어때요?
· 예뻐요.	· 착해요.
· 날씬해요.	· 성격이 좋아요.
· 키가 커요.	· 성격이 밝아요.
· 잘생겼어요.	· 마음이 따뜻해요.
· 어깨가 넓어요.	· 말이 없고 조용해요.

① 대학교 친구
- 키가 커요.
- 성격이 좋아요.

② 고향 친구
- 예뻐요.
- 착해요.

③ 고등학교 친구
- 날씬해요.
- ______

④ 한국 친구
- ______
- ______

보기

가: 에릭 씨, 뭘 하고 있어요?
나: 사진을 보고 있어요.
가: 이 사람은 누구예요?
나: 제 대학교 친구예요.
가: 키가 크네요.
나: 네, 키가 크고 성격이 좋아요.

날씬하다 잘생기다 어깨 성격 착하다 마음

2 유키 씨가 없을 때 친구가 선물을 두고 갔습니다. 보기 와 같이 쓰고 이야기하십시오.

① 민우　② 리사　③ 제니　④ 테오

보기

가: 유키 씨, 조금 전에 누가 유키 씨를 찾아 왔어요.

나: 네? 누가요?

가: 잘 모르겠어요. 이름을 말하지 않았어요.

나: 어떻게 생겼어요?

가: 키가 크고 안경을 낀 남자였어요.

나: 그래요? 제 친구 민우인 것 같아요.

가: 이 꽃을 유키 씨에게 주고 싶어 했어요. 그런데 유키 씨가 없어서 책상 위에 두고 갔어요.

나: 오늘이 제 생일이어서 온 것 같아요. 아! 여기에 카드와 이름이 있네요. 민우가 준 선물이네요.

가: 아, 그래요? 생일 축하해요. 선물을 받아서 기분이 좋겠어요.

나: 네, 좋아요.

안경　끼다　두다

III. 써 봅시다

1 소개하고 싶은 친구가 있습니까? 그 친구를 소개하는 글을 쓰고 발표하십시오.

모습	□ □ □
성격	□ □ □
친구가 잘 하는 것	□ □ □

내 친구

제 친구를 소개하겠습니다. 친구 이름은 __________ 입니다. 저는 __________ 을/를 만난 지 __________ 됐습니다. 우리는 __________ 에서 만났습니다.

제 친구는 __________ 고 __________
____
그리고 __________
____
____
____

여기까지 제가 좋아하는 친구 __________ 소개였습니다. 감사합니다.

모습

02과

친구와 가족

2. 아플 때는 할머니가 제일 보고 싶어요

• 학습 목표: 가족과 친척을 소개할 수 있다.

Ⅰ. 준비해 봅시다

- 이 사람이 누구를 소개하고 있습니까?
- 가족 중에서 친구들에게 소개하고 싶은 사람이 있습니까?

이야기해 봅시다 **1** 주앙 씨의 가족사진을 보고 보기 와 같이 이야기하십시오.

보기

가: 주앙 씨, 이분은 누구예요?

나: 이분은 우리 고모예요. 아버지의 여동생이에요.

가: 언제 찍은 사진이에요?

나: 제가 고등학교를 졸업할 때 찍은 거예요.

가: 그렇군요. 고모는 어떤 분이에요?

나: 우리 고모는 정말 재미있고 마음이 따뜻한 분이에요.

고모　작은아버지

2 여러분이 소개하고 싶은 가족이나 친척은 누구입니까? 보기 와 같이 이야기하십시오.

① 타오	② 올리비아	③ 흐엉	④

보기

가: 타오 씨, 방학 때 뭐 했어요?

나: 여행을 다녀왔어요.

가: 재미있었겠군요. 누구하고 다녀왔어요?

나: 이모가 한국 드라마를 좋아해서 이모와 춘천에 갔어요.

가: 한국에 처음 오신 거예요?

나: 아니요, 한국을 좋아해서 여러 번 오셨어요.

가: 이모는 무슨 일을 하세요?

나: 이모는 공무원이에요.

가: 아, 그렇군요.

나: 저는 친척들 중에서 이모를 제일 좋아해요.

조카 콘서트 공무원 친척

III. 써 봅시다

아플 때 보고 싶은 사람이 누구입니까? 친구와 같이 이야기하고 그 사람을 소개하는 글을 쓰십시오.

질문	친구	나
아플 때 보고 싶은 사람이 누구예요?		
왜 그 사람이 보고 싶어요?		
그 사람은 무슨 일을 해요?		
그 사람은 무엇을 좋아해요?		
그 사람하고 무엇을 하고 싶어요?		

아플 때 보고 싶은 사람

제가 아플 때 제일 보고 싶은 사람은 ________ 입니다.
________ 어서/아서/여서 ________
____
________ 의 직업은 ________
________ 은/는 ________ 을/를 좋아해서
____
____
____
________ 고 싶습니다.

복습 1-2과

1 보기 와 같이 이야기하십시오.

친구	고향	모습	성격	한국어를 공부하는 목적
타오	중국 베이징	· 키가 크고 멋있어요. · 어깨가 넓어요.	· 마음이 따뜻해요. · 착해요.	한국에서 대학교에 입학하려고 해요.

보기

가: 친구들 사진이군요. 이 사람은 누구에요?

나: 타오 씨예요. 타오 씨는 중국 사람이에요.

가: 잘생겼군요.

나: 네, 키가 크고 멋있어요. 어깨도 넓고요.

가: 성격은 어때요?

나: 성격도 좋아요. 마음이 따뜻하고 착해요.

가: 이 친구는 왜 한국어를 배워요?

나: 타오 씨는 한국에서 대학교에 입학하려고 한국어를 배우고 있어요.
다음에 같이 한번 만나요.

2 다음 질문으로 친구와 이야기하십시오.

질문	친구	나
고향이 어디예요?		
한국어 공부를 한 지 얼마나 됐어요?		
왜 한국어 공부를 시작했어요?		
한국어를 공부할 때 제일 힘든 것이 뭐예요?		
힘들 때 생각나는 사람이 누구예요?		
한국어를 배운 후에 뭘 하려고 해요?		

3 자기를 소개하는 글을 쓰십시오.

연습하기

문화

다양한 인사 표현

한국인의 인사 예절은 다양하고 상황에 따라 주고받는 인사말도 다릅니다. 한국에서는 아침에 일어났을 때 "안녕히 주무셨어요?"라고 인사합니다. 길에서 누군가를 만났을 때는 "어디 가세요?"나 "어디 다녀오세요?"라는 물음으로 인사를 대신합니다. 식사 시간이 지나서 누군가를 만났을 때는 "식사하셨어요?"라고 인사합니다. 그리고 아는 사람을 오랜만에 만났을 때는 "오래간만이에요. 그동안 잘 지냈어요?"라는 인사로 상대방의 요즘 생활에 대해 묻습니다. 한국에서 누군가에게 인사를 할 때는 상대방의 나이나 그 사람과의 관계를 생각하여 알맞게 표현해야 합니다.

1. **한국에서는 인사를 할 때 어떤 것들을 생각해야 합니까?**
2. **여러분의 나라에서는 위와 같은 상황에서 어떻게 인사합니까?**

03과

고향

1. 제주도에 가 봤어요?

• 학습 목표: 고향의 위치를 설명할 수 있다.

I. 준비해 봅시다

- 이 그림에서 여러분의 고향이 어디에 있습니까?
- 여러분의 고향은 어떤 곳입니까?

이야기해 봅시다

1 고향의 위치를 설명합니다. 그림을 보고 보기 와 같이 이야기하십시오.

①

이윤아

- **제주도** / 한국의 남쪽에 있는 섬
- 한국에서 제일 큰 섬이에요. 인기 있는 관광지예요.

②

서강희

- **강화도** / 서해에 있는 섬
- 볼 것이 많아요.
-

③

김이산

- **수원** / 서울의 남쪽에 있는 도시
-

④

강연아

- **강릉** /
-
-

보기

가: 윤아 씨, 오랜만이에요, 그동안 어떻게 지냈어요?

나: 오랜만에 고향에 다녀왔어요.

가: 좋았겠군요. 고향이 어디예요?,

나: 제 고향은 제주도예요. 제주도에 가 봤어요?

가: 아니요, 제주도가 어디에 있어요?

나: 한국의 남쪽에 있는 섬이에요. 한국에서 제일 큰 섬이고 인기 있는 관광지예요.

강화도 인삼 해산물 수원 서해 남해 동해 경기도 강원도 충청도
전라도 경상도 다녀오다 섬 관광지

2 친구와 고향 사진을 보면서 이야기합니다. 보기 와 같이 이야기하십시오.

①

레오
프랑스, 도빌

- 1년 만에
- **도빌** / 파리의 서쪽에 있는 작은 도시
- 해수욕장이 아름다운 관광지예요. 해산물이 맛있어요.

②

존
케냐, 나이로비

- 3개월 만에
- **나이로비** / 케냐의 가운데에 있는 도시
- 케냐의 수도예요. 구경거리가 많아요.

③

에릭
미국, 하와이

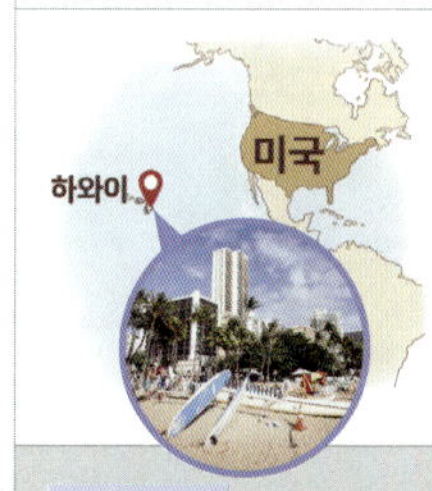

-
- **하와이** / 태평양에 있는 섬
-

④

-
- /
-

보기

가: 레오 씨, 무슨 사진이에요?
나: 지난 방학에 다녀온 고향 사진이에요.
가: 얼마 만에 고향에 다녀왔어요?
나: 1년 만에 다녀왔어요. 오랜만에 고향 음식도 먹었어요.
가: 고향이 프랑스지요? 프랑스 어디예요?
나: 제 고향은 프랑스 도빌이에요. 도빌에 가 봤어요?
가: 아니요. 아직 못 가 봤어요. 어디에 있어요?
나: 도빌은 파리의 서쪽에 있는 작은 도시예요.
가: 어떤 곳이에요?
나: 해수욕장이 아름다운 관광지예요. 해산물도 맛있고요. 꼭 한번 놀러 오세요.

도빌 해수욕장 케냐 나이로비 가운데 수도 구경거리 하와이 태평양

III. 써 봅시다

1 여러분의 고향은 어디입니까? 고향을 소개하는 글을 쓰고 발표하십시오.

고향의 위치를 그리세요

고향 이름	
위치	
	고향 근처에 있는 것/곳:
어떤 곳?	□도시 / □작은 도시 / □시골 / □섬 / □

나의 고향 ______

제 고향은 ______ 입니다. 여러분은 제 고향에 가 보셨습니까?

제 고향은 ______ 에 있습니다. 제 고향의 ______ 쪽에는 ______ ______ 쪽에는 ______

______

______

제 고향은 ______

______

______

______

______

여러분도 제 고향에 꼭 한번 오세요.

제 고향 이야기를 들어 주셔서 고맙습니다.

위치

03과 고향

2. 공원에 나무가 많기 때문에 공기가 좋아요

• 학습 목표: 고향의 특징을 설명할 수 있다.

Ⅰ. 준비해 봅시다

- 이 사람의 고향이 어떤 곳입니까?
- 친구들에게 고향을 소개할 때 무슨 이야기를 하고 싶습니까?

이야기해 봅시다

1 고향에 대해 이야기합니다. 보기 와 같이 이야기하십시오.

① 노라	② 흐엉	③ 올리비아	④ 주앙
노르웨이 오슬로	베트남 호찌민	호주 시드니	브라질 상파울루
바다가 가깝고 공원에 나무가 많아서 공기가 좋아요.	역사가 오래된 도시여서 멋있는 건물이 많아요.	1년 내내 날씨가 좋고 자연이 아름다워서 여행하기 좋아요.	브라질에서 가장 큰 도시이고 볼 것이 많아서 사람이 많아요.

보기

가: 노라 씨 고향이 어디예요?

나: 노르웨이 오슬로예요.

가: 오슬로는 어떤 곳이에요?

나: 바다가 가깝고 공원에 나무가 많기 때문에 공기가 좋아요.

가: 고향에 많이 가고 싶지요?

나: 네, 요즘 고향이 많이 그리워요. 가족들도 보고 싶고요.

오슬로 호찌민 내내 자연 상파울루 그립다

2 친구에게 고향을 소개하려고 합니다. 보기 와 이야기하십시오.

	① 타오	② 아야카	③ 후엔	④ 노라
고향	 **중국**의 북동부	 **일본**의 중부	 **베트남**의 북부	 **노르웨이**의 남부
날씨	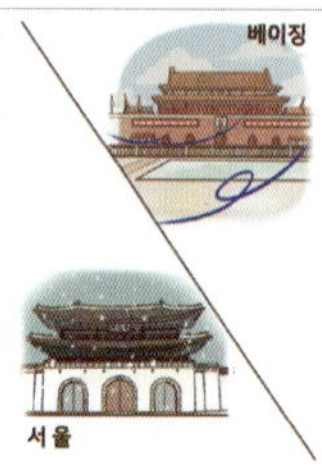			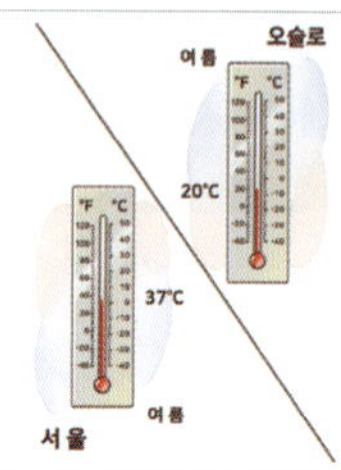
음식	 베이징덕	 타코야키	 쌀국수	 해산물 요리
유명한 곳	 만리장성	 오사카 성	 호안끼엠 호수	 노르웨이 왕궁

보기

가: 타오 씨 고향은 어디예요?
나: 제 고향은 중국 베이징이에요.
가: 그렇군요. 베이징은 어디에 있어요?
나: 중국의 북동부에 있어요.
가: 베이징 날씨는 어때요?
나: 서울은 겨울에 눈이 많이 오는데 베이징은 많이 오지 않아요.
가: 베이징에서 유명한 음식은 뭐예요?
나: 베이징덕이 유명해요. 베이징에 가면 꼭 드세요.
가: 네, 베이징에서 유명한 곳은 어디예요?
나: 만리장성이 유명해요. 꼭 한번 가세요.

북동부　베이징덕　유명하다　만리장성　중부　타코야키　성　하노이　북부
호안끼엠　남부　왕궁

Ⅱ. 써 봅시다

여러분의 고향은 어떤 곳입니까? 친구와 이야기하고 고향을 소개하는 글을 쓰십시오.

질문	친구	나
고향이 어디예요?		
어디에 있어요?		
어떤 곳이에요?		
날씨는 어때요?	서울은	
	고향은	
유명한 음식은 뭐예요?		
유명한 곳이 어디예요?		

내 고향 소개

저는 ______________에서 왔습니다. 제 고향 ______________ 은/는 ______________에 있습니다.

제 고향은 ______________

서울 날씨는 ______________

____

우리 고향에서는 ______________이/가 유명합니다.

____

____

____

____

04과 집

1. 방이 더 넓었으면 좋겠어요

• 학습 목표: 살고 있는 집의 장단점을 설명할 수 있다.

Ⅰ. 준비해 봅시다

- 여러분은 어디에서 삽니까?
- 지금 살고 있는 집은 어떻습니까?

이야기해 봅시다

1 지금 사는 곳이 어떻습니까? 보기 와 같이 이야기하십시오.

	① 흐엉	② 타오	③ 노라	④ 주앙
사는 곳	**신촌 하숙집**	**학교 기숙사**	**한강 근처 오피스텔**	**이태원 원룸**
☺	아주머니가 아침밥을 해 주세요.	가까워요.	한강을 볼 수 있어요.	근처에 식당이 많아요.
☹	방이 좁아요.	지하철역이 멀어요.	관리비가 비싸요.	시끄러워요.

보기

가: **흐엉 씨,** 지금 어디에 살아요?

나: **신촌에 있는 하숙집에** 살아요.

가: 그래요? **하숙집이** 어때요?

나: **아주머니가 아침밥을 해 주셔서** 좋아요.

가: 불편한 건 없어요?

나: **방이 좀 좁아요. 방이 더 넓었으면** 좋겠어요.

아침밥　관리비　이태원　불편하다

2 다른 곳으로 이사하고 싶습니다. 다음 표현을 사용하여 보기 와 같이 이야기하십시오.

좋은 점	나쁜 점	집을 알아보는 방법
조용해요.	시끄러워요.	인터넷으로 찾아요.
깨끗해요.	더러워요.	친구들에게 물어봐요.
싸요.	비싸요.	집 찾기 앱으로 찾아요.
가까워요.	멀어요.	
방이 넓어요.	방이 좁아요.	
방이 밝아요.	방이 어두워요.	
교통이 편리해요.	교통이 불편해요.	
근처에 식당이 많아요.	근처에 식당이 많지 않아요.	

① 하숙집 → 원룸

② 기숙사 → ______

③ 오피스텔 → ______

④ 원룸 → ______

보기

가: 저 이사하고 싶어요.
나: 왜요? 무슨 문제가 있어요?
가: 조용하지만 방이 좀 어두워요.
나: 어디로 이사하고 싶어요?
가: 원룸으로 이사하고 싶어요.
나: 어떤 곳이었으면 좋겠어요?
가: 방이 밝았으면 좋겠어요. 좋은 집은 어떻게 찾아요?
나: 저는 인터넷으로 찾았어요.
가: 그럼 저도 인터넷으로 알아봐야겠어요.
나: 좋은 집을 잘 찾아 보세요.

점 알아보다 앱(app) 이사하다

III. 써 봅시다

여러분이 살고 싶은 집은 어떤 집입니까? 친구와 이야기하고 그 집에 대해 쓰십시오.

질문	친구	나
어디에서 살고 싶어요?		
그 집이 어디에 있었으면 좋겠어요?		
왜 그곳에서 살았으면 좋겠어요?		
집이 어땠으면 좋겠어요?		
집 근처에 무엇이 있었으면 좋겠어요?	□ 지하철역 □ 편의점 □ 병원 □ 공원 □ 식당 □ 백화점 □ ______	□ 지하철역 □ 편의점 □ 병원 □ 공원 □ 식당 □ 백화점 □ ______

내가 살고 싶은 집

저는 ______________에서 살고 싶습니다. 그리고 그 집이 ______________에 있었으면 좋겠습니다. ______________ ______________기 때문입니다.

집은 ______________

그리고 ______________

집 근처에는 ______________

집

2. 교통은 편리한가요?

• 학습 목표: 집의 구조와 주변 환경에 대해 설명할 수 있다.

Ⅰ. 준비해 봅시다

• 이것이 무슨 광고입니까?
• 여러분은 집을 알아볼 때 무엇을 제일 중요하게 생각합니까?

이야기해 봅시다

1 새로 이사한 친구와 이야기합니다. 보기 와 같이 이야기하십시오.

1

2

3

4

보기

가: 저 지난주에 오피스텔로 이사했어요.
나: 그래요? 새로 이사한 집이 어떤가요?
가: 베란다가 있어서 아주 좋아요.
나: 교통은 편리한가요?
가: 네, 지하철역과 버스 정류장이 가까워서 아주 편리해요.
나: 그렇군요. 좋은 집으로 이사를 해서 기쁘겠어요.

베란다 고시원 새로 편리하다

2 같이 살 룸메이트에게 집에 대해 설명합니다. 보기 와 같이 이야기하십시오.

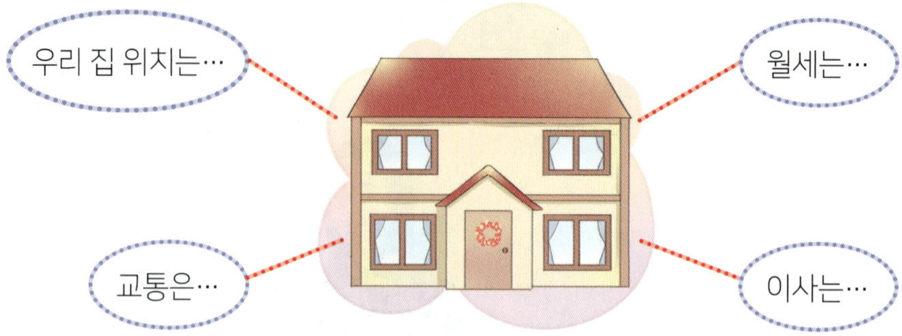

1

2

3

4

보기

가: 지금 사는 집 계약이 거의 끝나서 이사를 해야 해요.

나: 그래요? 저는 **룸메이트가 고향에 돌아가서** 같이 살 사람을 찾는 중이에요.

가: 정말요? 집이 어디인가요?

나: **신촌역 근처에 있는 아파트예요**. **깨끗하고 거실도 넓어요**.

가: 월세는 얼마인가요?

나: **40만원이에요**.

가: 교통은 편리한가요?

나: **네, 신촌역이 가까워서 편리해요**.

가: 괜찮네요. 이사는 언제 할 수 있나요?

나: **다음 주부터** 할 수 있어요.

월세 거의 계약 룸메이트

III. 써 봅시다

룸메이트를 찾고 있습니다. 집을 소개하고 룸메이트를 찾는 글을 쓰십시오.

집	□ 원룸 □ 오피스텔 □ 아파트 □
위치	
층	층
엘리베이터	□ 있음 □ 없음
월세	원
교통	
가구 / 물건	
집안일	

룸메이트를 찾습니다

같이 살 룸메이트를 찾습니다.

제가 살고 있는 집은 아주 좋습니다.

우리 집은 ____ 이고 ____ 에 있습니다.

____ 층이고 엘리베이터는 ____

월세는 ____

교통은 ____

____

집에는 ____

____

같이 살면 집안일은 ____

____

집을 보고 싶으면 이메일이나 전화로 연락해 주세요.

엘리베이터 가구

복습 3-4과

1 보기 와 같이 이야기하십시오.

친구	고향	위치	유명한 것	
노라	노르웨이 오슬로	남부 해안	 바이킹	 피오르드

보기

가: 노라 씨, 방학에 뭘 했어요?

나: 오랜만에 고향에 가서 가족과 같이 즐거운 시간을 보냈어요.

가: 부럽네요. 노라 씨 고향은 어디인가요?

나: 제 고향은 노르웨이 오슬로예요. 오슬로에 가 봤어요?

가: 아니요, 못 가 봤어요.

나: 오슬로는 노르웨이 남부 해안에 있어요. 날씨가 좋고 자연도 아름답기 때문에 여행하기 좋아요.

가: 한번 가 봐야겠어요. 노르웨이는 뭐가 유명한가요?

나: 바이킹과 피오르드가 유명해요. 다음에 시간이 있을 때 꼭 한번 놀러 오세요.

2 다음 질문으로 친구와 이야기하십시오.

질문	친구	나
지금 어디에 살고 있나요?		
그 집을 어떻게 찾았나요?		
그 집에서 산 지 얼마나 됐나요?		
그 집의 좋은 점과 나쁜 점은 무엇인가요?		
집에 뭐가 있나요?		
집 근처에 뭐가 있나요?		

해안 바이킹 피오르드

3 지금 사는 집을 소개하는 글을 쓰십시오.

연습하기

문화

한국의 특산물

한국에서 여행을 한 적이 있습니까? 여러분은 거기에서 무엇을 했습니까? 사람들은 여행을 가면 구경도 하고 그곳에서 유명한 음식을 먹거나 유명한 물건을 사기도 합니다. 이러한 것들을 특산물이라고 합니다. 제주도는 귤이 유명합니다. 경기도는 쌀과 도자기, 강원도는 소고기와 옥수수 등이 잘 알려져 있습니다. 이러한 곳에서 나오는 특산물들은 다른 지역에서 나오는 것보다 좋기 때문에 옛날에는 왕에게 선물로 보내기도 했습니다. 이제 이러한 특산물들은 우체국에서도 주문할 수 있고 인터넷으로도 쉽게 살 수 있습니다.

1. **제주도에 가 봤습니까? 제주도는 무엇이 유명합니까?**
2. **여러분의 고향에는 어떤 특산물이 있습니까?**

05과

음식

1. 국물에 밥을 말아서 김치와 같이 먹어요

• 학습 목표: 음식을 소개하고 먹는 방법에 대해 이야기할 수 있다.

Ⅰ. 준비해 봅시다

- 이 음식들 중에서 좋아하는 음식이 무엇입니까?
- 그 음식은 어떻게 먹습니까?

이야기해 봅시다

1 친구에게 고향 음식을 소개하려고 합니다. 보기 와 같이 이야기하십시오.

① **유키** / 일본

② **타오** / 중국

③ **주앙** / 브라질

④ ____ / ____

타코야키 / 문어

베이징덕 / 오리고기

슈하스코 / 여러 가지 고기와 파인애플

?

____ / ____

타코야키에 소스를 뿌려요.

밀전병에 오리고기를 싸요.

슈하스코를 소스에 찍어요.

____

보기

가: 유키 씨, 일본 음식을 먹어 보고 싶은데 유명한 음식 좀 소개해 주세요.

나: 타코야키가 유명해요. 문어로 만든 음식인데 아주 맛있어요.

가: 그래요? 어떻게 먹어요?

나: 타코야키에 소스를 뿌려서 먹어요.

가: 저도 먹어 보고 싶네요.

나: 타코야키를 맛있게 하는 식당이 있는데 주말에 같이 갑시다.

문어 소스 뿌리다 오리고기 밀전병 싸다 슈하스코 파인애플 찍다

5-1

2 친구와 음식에 대해 이야기합니다. 보기 와 같이 이야기하십시오.

①	②	③	④

갈비탕 / 소갈비	**냉면** / 소고기 육수, 면	**빈대떡** / 녹두	______ / ______

보기

가: 점심에 뭘 먹을까요?

나: 갈비탕이 어때요? 갈비탕을 드셔 보셨어요?

가: 아니요, 못 먹어 봤어요. 어떤 음식이에요?

나: 소갈비로 만든 음식인데 몸에 좋고 맛도 좋아요.

가: 그래요? 그런데 갈비탕은 어떻게 먹어요?

나: 국물에 밥을 말아서 김치와 같이 먹어요.

가: 한번 먹어 보고 싶네요.

나: 그럼 갈비탕을 먹으러 갈까요?

가: 네, 좋아요.

나: 제가 자주 가는 식당이 있으니까 거기로 갑시다.

소갈비 소고기 육수 면 겨자 빈대떡 녹두 국물 말다

써 봅시다

여러분은 한국 음식 중에서 무슨 음식을 가장 좋아합니까? 친구와 이야기하고 그 음식에 대해 쓰십시오.

질문	친구	나
가장 좋아하는 한국 음식이 뭐예요?		
왜 그 음식을 좋아해요?		
언제 처음 먹어 봤어요?		
그 음식은 무엇으로 만들어요?		
음식 맛은 어때요?		
어떻게 먹어요?		
그 음식을 자주 먹어요?		

내가 가장 좋아하는 음식

제가 가장 좋아하는 한국 음식은 __________
제가 그 음식을 좋아하는 이유는 __________기
때문입니다. 저는 __________ 전에 __________을/를
처음 먹어 봤습니다.
__________은/는 __________으로/로 만든 음식인데
____
____
__________을/를 먹을 때는 __________
____
저는 __________을/를 __________
____
____

05과

음식

2. 한국 음식을 만들어 본 적이 있어요?

• 학습 목표: 음식 재료와 요리법에 대해 설명할 수 있다.

Ⅰ. 준비해 봅시다

- 이 사람들이 무슨 음식을 만들고 있는 것 같습니까?
- 여러분은 무슨 음식을 만들 수 있습니까?

야기해 봅시다

1 아침에 먹은 음식에 대해 이야기합니다. 보기 와 같이 이야기하십시오.

① 달걀찜	② 감자 베이컨 볶음	③ 삶은 달걀과 옥수수 샐러드	④

<재료> · 달걀 두 개 물 한 컵 · 소금 조금	<재료> · 감자 두 개 베이컨 네 장 · 기름 조금	<재료> · 달걀 세 개 옥수수 세 숟가락, 채소 조금 · 마요네즈 조금	<재료> · · ·
1. 달걀과 물을 잘 섞어요. 2. 소금을 조금 넣어요. 3. 15분쯤 쪄요.	1. 감자를 썰어서 프라이팬에 볶아요. 2. 베이컨을 넣어요 3. 조금 더 볶아요.	1. 달걀을 8분쯤 삶아서 작게 썰어요. 2. 옥수수를 세 숟가락 넣어요. 3.	1. 2. 3.

보기

가: 안녕하세요? 일찍 오셨네요. 아침은 드셨어요?

나: 네, **달걀찜을** 만들어 먹었어요.

가: 그건 어떻게 만들어요?

나: 먼저 **달걀 두 개하고 물 한 컵을** 준비하세요. **소금 조금하고요.**

가: 그다음에는요?

나: **달걀하고 물을 잘 섞으세요.** 거기에다가 **소금을 조금 넣으세요.**
그리고 **15분쯤 찌세요.** 생각보다 쉬워요.

달걀찜 달걀 소금 섞다 넣다 찌다 재료 감자 베이컨 볶다 기름
프라이팬 삶다 채소 옥수수 샐러드 마요네즈 썰다

2 한국 음식을 만드는 방법입니다. 보기와 같이 이야기하십시오.

양념: 간장 4숟가락, 설탕 2숟가락, 다진 마늘 조금

끓는 물에
떡을 넣고
2분 후에 불을 꺼요.

→

프라이팬에
채소를 넣고
볶아요.

→

떡과 고기와
양념을 넣고
2분쯤 더 볶아요.

양념: 간장 4숟가락, 소금 조금

찬물에
미역을 넣고
10분쯤 기다려요.

→

냄비에
미역과 고기를 넣고
5분쯤 볶아요.

→

양념: 간장 1숟가락, 다진 마늘 조금

프라이팬에
김치와 참치를 넣고
볶아요.

→

→

보기

가: 한국 음식을 만들어 본 적이 있어요?

나: 네, **궁중 떡볶이를** 만들어 본 적이 있어요.

가: 재료가 뭐예요?

나: **떡볶이 떡하고 소고기가** 있어야 해요.
그리고 **여러 가지 채소도** 준비하세요.
양념은 **간장하고 설탕하고 다진 마늘이에요.**

가: 어떻게 만들어요?

나: 먼저 **끓는 물에 떡을 넣고 2분 후에 불을 끄세요.**

가: 그다음에는요?

나: 그다음에 **프라이팬에 채소를 넣고 볶으세요.**
거기에다가 **떡과 고기와 양념을 넣고 2분쯤 더 볶으세요.**
마지막에 참기름을 조금 뿌리면 더 맛있어요.

가: 별로 어렵지 않을 것 같아요.

나: 네, 한번 만들어 보세요. **생각보다 쉬워요.**

궁중 떡볶이 떡 양념 간장 설탕 다지다 마늘 미역국 미역 찬물 냄비
고기 끓이다 볶음밥 참치 끓다 마지막 참기름 별로

III. 써 봅시다

자주 만들어 먹는 음식이 무엇입니까? 그 음식을 만드는 방법을 쓰고 발표하십시오.

음식 이름	
음식 소개	
음식 재료	
만드는 순서	· 먼저 · 그다음에 · 그리고
더 맛있게 만드는 방법	
음식의 맛	

나의 ______ 요리법

여러분은 ______ 을/를 아십니까? ______ 을/를 먹어 본 적이 있습니까?

이 음식은 ______

이 음식의 재료로는 ______ 이/가 있어야 합니다. 그리고 ______ 도 준비해야 합니다.

이제 요리법을 소개하겠습니다. 먼저, ______

그다음에 ______

그리고 ______

더 맛있게 만들고 싶으면 ______

맛이 ______

만들기가 생각보다 어렵지 않으니까 여러분도 한번 만들어 보세요.

끝까지 들어 주셔서 고맙습니다.

요리법

06과

시장

1. 아마 마트에서 팔 거예요

• 학습 목표: 물건을 살 수 있는 여러 장소에 대해 설명할 수 있다.

Ⅰ. 준비해 봅시다

• 여기가 어디입니까?
• 여러분이 물건을 살 때 자주 가는 곳은 어디입니까?

이야기해 봅시다

1 사고 싶은 것이 있습니다. 그 물건을 어디에서 사야 하는지 보기와 같이 이야기하십시오.

❶

❷

❸

❹

보기

가: 유키 씨, 이 근처에 마트나 시장이 있어요?

나: 네, 있어요. 왜요?

가: 수건을 사려고 해요. 집에 수건이 별로 없어요.

나: 그럼 지하철역 근처 마트에 가 보세요. 거기에 있을 거예요.

가: 칫솔도 팔까요?

나: 아마 팔 거예요.

수건 칫솔 쌀 콩 풍선 이불 방석 마트 팔다

2 어디에서 사면 좋겠습니까? 보기와 같이 이야기하십시오.

☺	·집에서 가까워요. ·24시간 문을 열어요. ·음료를 2개 사면 1개를 더 줘요.
☹	·생활용품이 좀 비싸요. ·물건 종류가 많지 않아요.

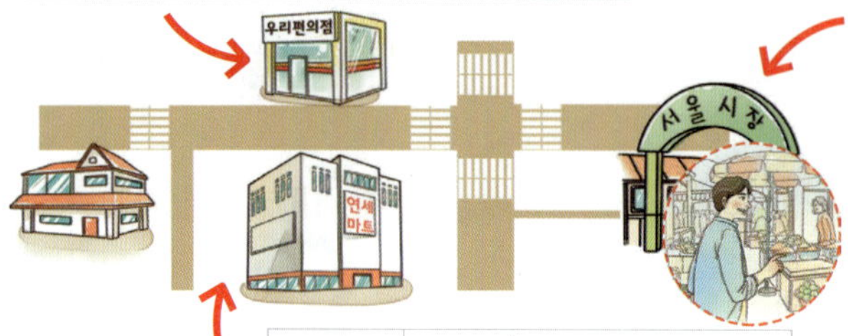

☺	·과일과 채소가 싱싱해요. ·값을 깎을 수 있어요. ·조금씩 살 수 있어요.
☹	·배달을 해 주지 않아요. ·교통이 복잡해요.

☺	·물건이 많아요. ·생활용품이 싸요. ·많이 사면 배달을 해 줘요.
☹	·조금씩 팔지 않아요. ·사람이 많아요.

보기

가: **과일을** 사고 싶어요. **과일을** 살 때 어디로 가세요?

나: 저는 **서울 시장으로** 가요.

가: **서울 시장이** 좋아요?

나: 네, **서울 시장은 과일이 싱싱해서 좋아요**.

가: 아, 그래요?

나: 네, 그리고 **값을 깎을 수 있어요**.

가: **연세 마트는** 어때요?

나: 거기는 **아마 사람이 많을 거예요**.

가: 그럼 **서울 시장으로** 가야겠네요.

나: 네, 한번 가 보세요.

음료　생활용품　종류　싱싱하다　조금씩　냉동식품　식료품

III. 써 봅시다

집 근처에 자주 가는 마트나 시장이 있습니까? 그곳에 대해 친구와 이야기하고 그곳을 소개하는 글을 쓰십시오.

질문	친구	나
어디에 자주 가요?		
거기에서 뭘 팔아요?		
몇 시에 문을 열어요?		
쉬는 날이 있어요?		
거기에서 뭘 많이 사요?		
거기가 왜 좋아요?		
불편한 점도 있어요?		

내가 자주 가는 ______

우리 집 근처에 ______ 이/가 있습니다. 거기에서는 ______

저는 거기에서 ______ 을/를 삽니다. ______

______ 은/는 ______ 어서/아서/여서 좋습니다. 그리고 ______

06과 시장

2. 등산화를 사고 싶은데 어디에서 사면 좋을까요?

• 학습 목표: 쇼핑 장소를 추천할 수 있다.

Ⅰ. 준비해 봅시다

- 이 사람이 무엇을 살 것 같습니까?
- 여러분이 자주 쇼핑하는 곳은 어떤 점이 좋습니까?

이야기해 봅시다 **1** 에릭이 친구들에게 줄 선물을 사려고 합니다. 보기 와 같이 이야기하십시오.

① 등산화	등산을 시작했어요. 등산화가 없어서 불편해요.
② 가벼운 가방	학교에 다녀요. 가방이 무거워서 힘들어요.
③ 선풍기	집에 에어컨이 없어요. 더워서 힘들어요.
④ 귀걸이	이번 주 일요일이 생일이에요. 생일에 귀걸이를 받고 싶어요.

보기

가: 등산화를 좀 사고 싶은데 어디에서 사면 좋을까요?
나: 에릭 씨가 신을 거예요?
가: 아니요, 선물할 거예요.
친구가 등산을 시작했는데 등산화가 없어서 불편해해요.
나: 그럼 연세 백화점 스포츠 용품 매장에 가 보세요.
가: 그래요? 몇 층에 있어요?
나: 4층에 있어요. 상품 종류가 많으니까 가서 구경해 보세요.

가전제품 스포츠 용품 남성복 여성복 패션 잡화 등산화 선풍기 귀걸이 매장 상품

2 어디에서 사면 좋을까요? 보기 와 같이 이야기하십시오.

동대문시장 옷 종류도 많고 값도 싸요.	**용산 전자 상가** 여러 가지 제품을 구경하고 싸게 살 수 있어요.	**서울 문고** 여러 종류의 책도 많고 예쁜 공책과 볼펜도 많아요.	**한강 백화점** 매장이 깨끗하고 지하 1층에 건강식품을 파는 매장이 있어요.

보기

가: 겨울옷을 사야 하는데 어디에서 사면 좋을까요?

나: 동대문 시장에 가 보세요.

가: 동대문 시장은 어디에 있어요?

나: 동대문역사문화공원역에서 가까워요.

가: 저는 아직 한 번도 안 가 봤어요.

나: 옷 종류도 많고 값도 싸니까 한번 가 보세요.

가: 주말에 가 보고 싶은데 시간 있으면 같이 갈까요?

나: 네, 좋아요. 제가 같이 가서 안내해 드리겠어요.

가: 쇼핑을 하고 저녁도 같이 먹어요.

나: 그럼 주말에 만나요.

건강식품　전자 상가　제품　문고　동대문역사문화공원역　안내하다

III. 써 봅시다

친구들에게 쇼핑 장소를 추천하려고 합니다. 그 장소에 대해 글을 쓰고 발표하십시오.

쇼핑 장소	
위치	
살 수 있는 물건	
그곳을 좋아하는 이유	

내가 쇼핑하러 가는 곳

여러분에게 쇼핑하기 좋은 곳을 알려 드리겠습니다. 저는 쇼핑을 하러 ________에 갑니다. ________은/는 ________에 있습니다. ________

제가 그곳을 좋아하는 이유는 여러 가지가 있습니다. 첫째, ________기 때문입니다. 둘째, ________ 셋째, ________

여러분들도 시간이 있으면 한번 가 보십시오.

제 발표는 여기까지입니다. 들어 주셔서 감사합니다.

첫째 둘째 셋째

복습 5-6과

1 보기 와 같이 이야기하십시오.

음식 이름	재료	요리법과 먹는 방법
감자탕	돼지 등뼈, 감자, 채소	돼지 등뼈와 감자와 채소를 끓여서 만들어요. 고기와 채소를 먹어요. 국물에다가 밥을 볶아서 먹어요.

보기

가: 노라 씨, 요즘 맛있게 먹은 음식이 있어요?
나: 네, 감자탕을 먹었는데 아주 맛있었어요.
가: 그래요? 감자탕은 어떤 음식이에요?
나: 돼지 등뼈와 감자와 채소로 만든 음식인데 정말 맛있어요.
가: 어떻게 만들어요?
나: 돼지 등뼈와 감자와 채소를 같이 끓여서 만들어요.
가: 저는 먹어 본 적이 없어서 한번 먹어 보고 싶네요.
나: 고기와 채소를 먹고 국물에다가 밥을 볶아서 먹으면 좋아요.
가: 정말 맛있겠네요. 다음에 같이 먹으러 가요.
나: 그래요. 좋아요.

2 다음 질문으로 친구와 이야기하십시오.

질문	친구	나
한국에서 어느 시장에 가 봤어요?		
왜 거기에 갔어요?		
거기에서 뭘 샀어요?		
그 시장에서 음식도 팔아요?		
무슨 음식을 사 먹었어요?		
거기에서 뭘 사면 좋을까요?		

감자탕 등뼈

3 한국에서 가 본 시장과 그 시장에서 먹은 음식을 소개하는 글을 쓰십시오.

연습하기

문화

한식 상차림

한식 상차림에서 밥은 왼쪽, 국은 오른쪽에 놓고 숟가락과 젓가락은 상의 오른쪽에 놓습니다. 한식 상차림에서 밥, 국, 김치, 찌개는 기본이고 더해지는 반찬 수에 따라서 3첩 반상, 5첩 반상, 7첩 반상, 9첩 반상이라고 불렀습니다. 손님을 초대하면 집주인은 상을 차린 후 손님들에게 "차린 것은 없지만 많이 드세요."라고 인사하고 초대 받은 사람들은 식사하기 전에 "잘 먹겠습니다."라고 인사합니다. 식사를 끝낼 때는 다른 사람들 모두 다 먹을 때까지 기다린 후에 "잘 먹었습니다."라고 인사하고 식사를 같이 끝냅니다.

1. **한식 상차림에서 밥과 국을 어느 쪽에 놓습니까?**
2. **여러분 나라에서는 식사하기 전에 하는 인사말이 있습니까?**

07과 쇼핑

1. 한번 입어 봐도 돼요?

• 학습 목표: 사고 싶은 물건에 대해 설명할 수 있다.

Ⅰ. 준비해 봅시다

- 이 사람들이 뭘 하고 있습니까?
- 여러분은 무슨 색 옷을 사고 싶습니까?

야기해 봅시다

1 옷 가게에서 옷을 사려고 합니다. 다음 표현을 사용하여 보기 와 같이 이야기하십시오.

옷 가게에 들어가서	옷을 입어 보기 전에	옷을 입어 본 후에
· **원피스** 좀 사려고요.	· 한번 입어 봐도 돼요?	· 저한테 좀 **커요**.
· **양복** 좀 사고 싶어요.	· 좀 입어 보고 싶어요.	· 다른 색은 없나요?
· **블라우스** 좀 보여 주세요.	· 이거 입어 볼 수 있나요?	· 좀 **짧은** 것 같아요.
· **운동복** 있어요?		· 괜찮네요. 이 옷 주세요.

보기

가: 어서 오세요. 뭘 찾으세요?

나: 원피스 좀 보여 주세요.

가: 이 분홍색 원피스 어떠세요? 요즘 유행이에요.

나: 한번 입어 봐도 돼요?

가: 네, 입어 보셔도 돼요.

…… (손님이 갈아입은 후) ……

어떠세요?

나: 좀 짧은 것 같아요.

원피스 블라우스 운동복 분홍색 유행이다 갈아입다

2 어떤 옷이 좋을까요? 보기 와 같이 이야기하십시오.

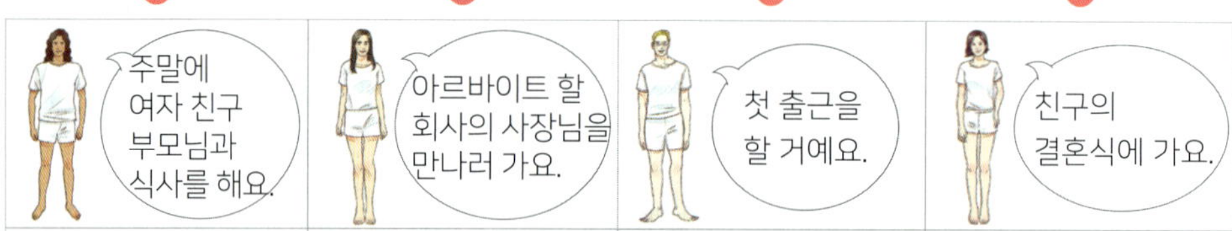

①	②	③	④
모자 (×)	티셔츠 (×)	______ (×)	______ (×)

보기

가: 주말에 여자 친구 부모님과 식사를 해요. 어떻게 입으면 좋을까요?

나: 셔츠와 바지를 입는 게 어때요?

가: 그게 좋겠네요. 무슨 색이 좋을까요?

나: 파란색 셔츠가 어때요? 그리고 파란색 셔츠에는 회색 바지가 좋을 것 같아요.

가: 괜찮을 것 같네요. 신발은 어떻게 할까요?

나: 검은색 구두를 신으세요.

가: 네, 알겠어요. 정말 고마워요.

나: 참, 윗사람과 식사할 때 모자를 쓰면 안 돼요.

가: 그렇군요. 이야기해 줘서 고마워요.

나: 쇼핑 잘 하고 오세요.

점퍼　조끼　긴치마　청바지　반바지　스카프　샌들　첫　회색　윗사람

Ⅱ. 써 봅시다

여러분이 사고 싶은 물건 세 가지를 골라 사고 싶은 이유를 쓰고 발표하십시오.

가장 사고 싶은 물건	
사고 싶은 이유	
두 번째로 사고 싶은 물건	
사고 싶은 이유	
세 번째로 사고 싶은 물건	
사고 싶은 이유	

내가 사고 싶은 세 가지 물건

제가 사고 싶은 물건 세 가지를 이야기하겠습니다.

가장 사고 싶은 것은 ______ 입니다.

왜냐하면 ______

______ 기 때문입니다.

두 번째로 사고 싶은 것은 ______ 입니다.

______

______

세 번째로 사고 싶은 것은 ______ 입니다.

______

______

저는 돈을 모아서 꼭 그 물건들을 사겠습니다.

제 발표는 여기까지입니다. 들어 주셔서 감사합니다.

가장 두 번째 세 번째

07과 쇼핑

2. 얼마나 마음에 드는지 몰라요

• 학습 목표: 구입한 물건의 장단점을 설명할 수 있다.

Ⅰ. 준비해 봅시다

- 이 가방은 어떤 점이 좋습니까?
- 여러분이 산 물건 중에서 가장 좋아하는 것이 무엇입니까?

이야기해 봅시다

1 쇼핑한 물건에 대해 이야기합니다. 다음 표현을 사용하여 보기 와 같이 이야기하십시오.

색깔	
밝아요	어두워요
연해요	진해요

디자인	
단순해요	복잡해요
귀여워요	화려해요

무늬	
꽃무늬예요	줄무늬예요
체크무늬예요	얼룩무늬예요
물방울무늬예요	무늬가 없어요

사이즈	
커요	작아요
잘 맞아요	안 맞아요

① **이태원** / 원피스

② **명동** / 셔츠

③ **강남역** / ______

④ ______ / 가방

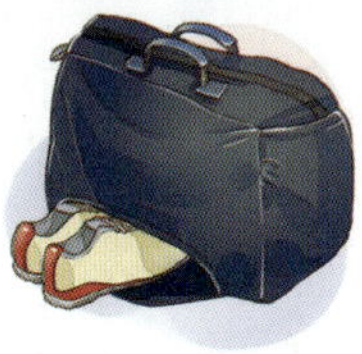

보기

가: 주말에 뭐 했어요?

나: **이태원에서** 쇼핑했어요. **원피스를 새로 샀어요.**

가: 무슨 색이에요?

나: **빨간색인데** 색깔이 **진하고** 디자인이 **귀여워요.**

가: 무늬도 있어요?

나: 무늬는 **물방울무늬이고** 사이즈도 **잘 맞아서** 얼마나 마음에 드는지 몰라요.

색깔 밝다 어둡다 연하다 진하다 디자인 단순하다 화려하다 무늬
꽃무늬 줄무늬 체크무늬 얼룩무늬 물방울무늬 사이즈 맞다 마음에 들다

2 쇼핑한 물건의 좋은 점에 대해 보기 와 같이 이야기하십시오.

①	②	③	④

· 색깔이 진해서 쉽게 더러워지지 않아요. · 주머니가 많아서 편해요. · 사이즈가 커요.	· 제가 좋아하는 파란색이에요. · 길어서 따뜻해요. · 무늬가 ______	· 제 치마에 잘 맞는 색깔이에요. · ______ · ______	· ______ · ______ · ______

보기

가: 가방을 새로 사셨군요! 처음 보는 거예요.
나: 지난주에 샀어요. 어때요? 괜찮아요?
가: 네, 좋아요. 비쌀 것 같아요.
나: 세일을 해서 얼마나 싸게 샀는지 몰라요.
가: 잘 사셨네요. 색깔이 참 좋아요.
나: 색깔이 진해서 쉽게 더러워지지 않아요.
가: 디자인도 좋고요.
나: 맞아요. 그리고 주머니가 많아서 편해요.
가: 가방이 마음에 들어요?.
나: 네, 사이즈가 커서 얼마나 마음에 드는지 몰라요.

Ⅲ. 써 봅시다

한국에서 산 물건 중에서 제일 좋아하는 물건이 무엇입니까? 친구와 같이 이야기하고 그 물건에 대해 쓰십시오

질문	친구	나
뭘 샀어요?		
언제 샀어요?		
어디에서 샀어요?		
어떤 점이 마음에 들어요?		
마음에 안 드는 점도 있어요?		

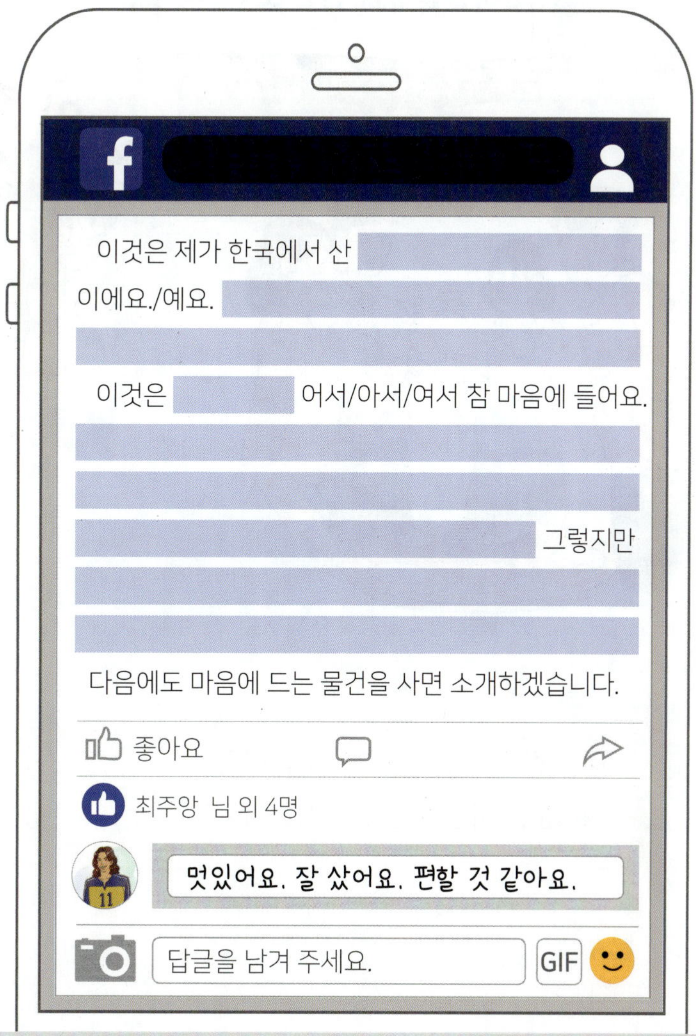

답글

08과

초대

1. 친구들과 같이 송별회를 할까 해

• 학습 목표: 모임에 대해 설명하고 초대할 수 있다.

I. 준비해 봅시다

- 이 사람들이 무엇을 하고 있습니까?
- 여러분은 어떤 모임에 가 봤습니까?

이야기해 봅시다

1 모임에 친구를 초대하려고 합니다. 보기 와 같이 이야기하십시오.

목	금	토	일
14	15 ① **웨이 송별회** 연세 식당 (저녁 7시)	16 ② **생일 파티** 우리 집 (저녁 6시)	17
21	22 ③ **영화 동호회 모임** 카페 하루 (오후 5시)	23	24 ④ **외국인 유학생 모임** 수라 식당 (오후 2시)

보기

가: 유키, 이번 주 금요일 오후에 시간이 있어?

나: 응, 왜? 무슨 일 있어?

가: 웨이 송별회를 할까 해.

나: 그래? 어디에서 할 거야?

가: 장소는 연세 식당이고 저녁 7시부터 할까 하는데 너도 왔으면 좋겠어.

나: 알았어, 나도 갈 수 있을 것 같아.

송별회 동호회 모임 유학생

2 초대 메시지를 받았습니다. 보기 와 같이 이야기하십시오.

①

동창회에 초대합니다.

오랜만에 친구들과 만나요.

시간: 6월 19일 금요일 저녁 7시-9시
장소: 신촌 갈비
회비: 20,000원

②

영화 동호회 '보고 또 보고'와 함께 해요.

한국 영화도 보고 한국말도 배울 수 있어요.

시간: 6월 20일 토요일 오후 1시
장소: 여의도 극장
회비: 25,000원

③

한국 생활 동아리 '한국 좋아'와 함께 하는 소풍에 초대합니다.
한국 친구도 사귀고 소풍도 같이 가요.

시간: 6월 21일 일요일 오전 11시
장소: 서울숲
준비할 것: 도시락, 음료

④

외국인 동아리 '우리'의 연극과 뒤풀이, 모두 함께 해요!
연극도 보고 뒤풀이도 함께 할 수 있어요.

시간: 6월 21일 일요일 오후 5시
장소: 홍대 극장 마당
회비: 15,000원

보기

가: 너 동창회 초대 메시지 받았어?
나: 응, 받았어. 이번 주 금요일이지?
가: 맞아, 갈 수 있어?
나: 응, 특별한 일이 없으면 갈까 해.
가: 오랜만에 친구들을 만날 수 있으니까 같이 가.
나: 그래. 어디에서 만날까?
가: 모임 장소가 신촌이니까 신촌 지하철역에서 만났으면 좋겠어.
나: 좋아. 그런데 회비가 얼마지?
가: 회비는 20000원이야.
나: 기대가 되네.

동창회 초대하다 회비 여의도 동아리 서울숲 도시락 연극 뒤풀이
특별하다 기대가 되다

III. 써 봅시다

다음 중 무슨 모임을 하겠습니까? 모임 계획을 세우고 초대하는 글을 쓰십시오.

무슨 모임을 할까?	□ 유학생 모임 □ 동호회 □ 파티 □ 가수/배우 팬 모임 □ ______
누구를 초대할까?	
모임에서 뭘 할까?	
언제 할까?	
어디에서 할까?	
회비는 얼마가 좋을까?	

______에 초대합니다.

요즘 한국 생활이 재미있습니까? 한국 생활을 즐겁게 해 줄 모임이 있습니다!

______

모임에 오시면 ______

______

______을/ㄹ 수 있습니다. 날짜는 ______이고 시간은 ______입니다. 모임 장소는 ______입니다. 회비는 ______

한국 생활을 더 재미있게 하고 싶은 분들은 모두 오셨으면 좋겠습니다. 더 알고 싶은 것이 있으면 연락해 주세요.

연락처: ______

팬

08과

초대

2. 케이크를 만들어 가지고 갈 거야

• 학습 목표: 여러 가지 상황에 맞는 선물을 추천할 수 있다.

Ⅰ. 준비해 봅시다

- 여러분은 다른 사람에게서 초대를 받은 적이 있습니까?
- 초대를 받으면 무슨 선물을 가지고 가겠습니까?

이야기해 봅시다

1 초대를 받아서 선물을 준비하려고 합니다. 보기 와 같이 이야기하십시오.

① 친구의 결혼 축하 모임

찻잔

벌써 준비했을 거예요.

커플 티셔츠

② 중국 친구의 집들이

벽시계

중국에서는 벽시계를 선물하지 않아요.

향초

③ 친구 아기의 돌잔치

금반지

너무 비싸요.

?

④ 선배의 대학원 졸업식

꽃다발

만년필

보기

가: 친구의 결혼 축하 모임에 초대를 받았어. 무슨 선물이 좋을까?

나: 네가 생각하고 있는 선물은 뭐야?

가: 나는 찻잔을 사 가지고 갈까 하는데 어때?

나: 찻잔은 선물하지 마. 벌써 준비했을 거야.

가: 그럼 어떤 선물이 좋을까?

나: 커플 티셔츠는 어때? 받으면 좋아할 거야.

찻잔 집들이 벽시계 향초 돌잔치 금반지 선배 만년필

2 모임에 초대를 받은 두 사람이 선물을 준비하려고 합니다. 보기 와 같이 이야기하십시오.

① 노라의 생일 파티	② 리에의 송별회
③ 민철 선배의 결혼식	④ 윤아의 집들이

보기

가: 여보세요? **주앙,** 나 **유키야**.

나: 응, **유키야.** 무슨 일이야?

가: 너도 **노라의 생일 파티에** 초대 받았지?

나: 응, 너는 무슨 선물을 준비할 거야?

가: 나는 **향수를 살까** 하는데 너는?

나: 나는 **케이크를 만들어 가지고** 갈 거야.

가: 우리 파티에 가기 전에 만나서 **꽃다발도 사 가지고 갈까?**

나: 그래. 그것도 좋겠네.

가: 그럼 내일 만나서 **같이 가**.

나: 응, 내일 봐.

목욕용품　주방용품　쿠션　세제　와인　쿠키　화분

III. 써 봅시다 친구들과 문자 메시지로 대화하고 있습니다. 문자 메시지를 읽고 무슨 선물이 좋을지 답글을 쓰십시오.

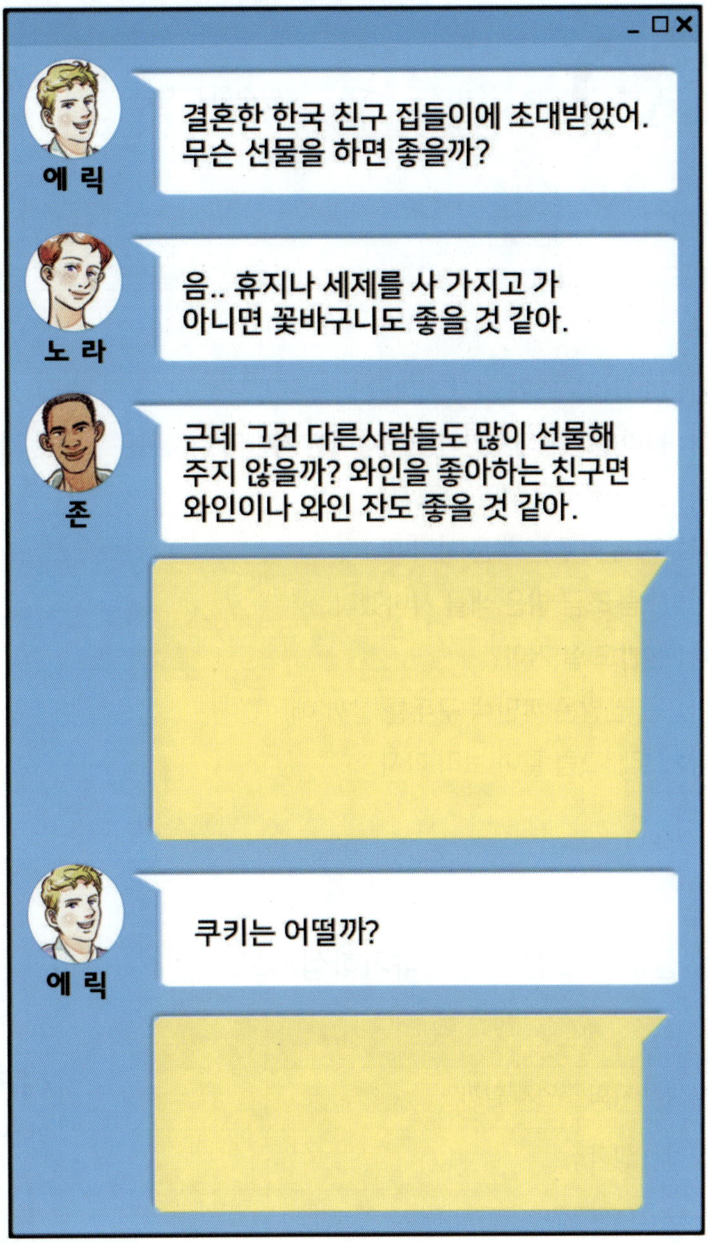

꽃바구니

복습 7-8과

1 보기 와 같이 이야기하십시오.

입고 있는 옷	디자인	색	더 살 것
	단순한 디자인	어두운 색 x → 밝은 색 o	까만색 구두

보기

가: 이 블라우스에 어떤 치마가 어울릴까?
나: 블라우스의 디자인이 화려하니까 치마의 디자인은 단순한 게 좋을 것 같아.
가: 색은 어두운 색이 좋겠지?
나: 아니, 어두운 색은 사지 마.
가: 그럼 조금 밝은 색을 사야겠다.
나: 신발도 살 거야?
가: 응, 신발은 까만색 구두를 살까 해.
나: 그래. 그럼 같이 보러 가자.

2 다음 질문으로 친구와 이야기하십시오.

질문	친구	나
유학생 바자회를 언제 할까?		
어디에서 할까?		
누구를 초대할까?		
같이 무엇을 할까?		
초대장에 무슨 내용을 쓸까?		

어울리다 바자회 초대장

3 모임에 초대하는 글을 쓰십시오.

연습하기

문화

한국의 옷과 신발 치수

한국에서 옷이나 신발을 산 적이 있습니까? 한국에서 옷 치수는 숫자를 사용하여 85, 90, 95, 100, 105, 110이라고 합니다. "90 사이즈 주세요." 라고 하거나 "저는 100을 입어요."라고 말합니다. 여성 정장의 치수는 44, 55, 66, 77, 88 등의 숫자를 사용하여 "이 정장 66(육육) 사이즈 있어요?" 라고 이야기합니다. 또 XS, S, M, L, XL, XXL를 사용하여 "이 티셔츠 L(라지) 사이즈 있어요?"라고 이야기할 수도 있습니다. 그리고 한국의 신발 치수는 230, 235, 240, 245, 250, 270, 275(mm)를 사용하여 "이 운동화 240밀리 있어요?"라고 하거나 "이 구두 270 주세요."라고 이야기합니다.

		S	M	L	XL	XXL
한국		90(55)	95(66)	100(77)	105(88)	110
중국		36	38	39	42	44
일본	여	55	66	77	88L	-
	남	M/38	L/40	LL(XL)42	44	46
미국	여	4	6	8	10	12
	남	90-95	95-100	100-105	105-110	110~
프랑스	여	36	38	40	42	44
	남	46	48	50	52	54

1. **한국에서 옷이나 신발을 살 때 치수를 어떻게 말해요?**
2. **여러분 나라에서는 옷과 신발의 치수는 어떻게 말해요?**

09과 약속

1. 11시에 하늘 공원에서 만나는 게 어떠니?

• 학습 목표: 약속 시간과 약속 장소를 정할 수 있다.

Ⅰ. 준비해 봅시다

- 노라와 흐엉이 몇 시에 어디에서 약속이 있습니까?
- 여러분은 약속을 하면 보통 어디에서 친구를 만납니까?

이야기해 봅시다

1 친구와 약속을 하려고 합니다. 다음 표현을 사용하여 보기와 같이 이야기하십시오.

이야기를 시작할 때	대답할 때
· **주말에** 시간 있니?	· 시간 있는데 왜?
· **주말에** 약속 있니?	· 약속 없는데 왜?
· **주말에** 뭐 할 거니?	· 특별한 일 없는데 왜?

①

②

③

④

보기

가: 드디어 금요일이다! 주말에 **뭐 할 거니**?

나: **특별한 일 없는데 왜**?

가: 나는 **공원에서 자전거를 탈까 하는데** 같이 **탈까**?

나: 그래, 좋아.

가: 그럼 **11시에 하늘 공원에서** 만나는 게 어떠니?

나: 그래, 거기로 갈게.

드디어

2 에릭이 친구와 전화로 약속을 합니다. 보기 와 같이 이야기하십시오.

	누구와	언제	무엇을	약속 시간 / 약속 장소
1	 유키	일요일	북한산 등산	아침 9시/신촌역 2번 출구
2	 존	금요일	한국 요리 교실	저녁 7시/서울 문화 센터
3	 윤아	토요일	영화 보기	/
4				/

보기

가: 여보세요? **유키니**? 나 에릭이야.

나: 응, 무슨 일이니?

가: 너 이번 주 **일요일에 시간 있니**?

나: 응, **시간 있는데 왜**?

가: **북한산으로 등산을 가려고 하는데 너도 같이 가는** 게 어떠니?

나: 좋아. 특별한 일 없어서 **집에서 쉴까** 했어.

가: 잘됐다. 같이 가.

나: 몇 시까지 어디로 가면 되니?

가: **아침 9시에 신촌역 2번 출구 앞에서** 만나.

나: 알았다. **9시까지** 갈게.

북한산 문화 센터

III. 써 봅시다

지난 주말에 누구를 만났습니까? 그 사람과 무엇을 했는지 이야기하고 일기를 쓰십시오.

질문	친구	나
누구를 만났니?		
언제 만났니?		
어디에서 만났니?		
날씨가 어땠니?		
같이 무엇을 했니?		

나의 일기

___ 월 ___ 일 ___ 요일 날씨 ___

________________ 을/를 만났다.

09과

약속

2. 급한 일이 생겨서 약속을 지키지 못하게 됐어

• 학습 목표: 약속을 취소하거나 변경할 수 있다.

Ⅰ. 준비해 봅시다

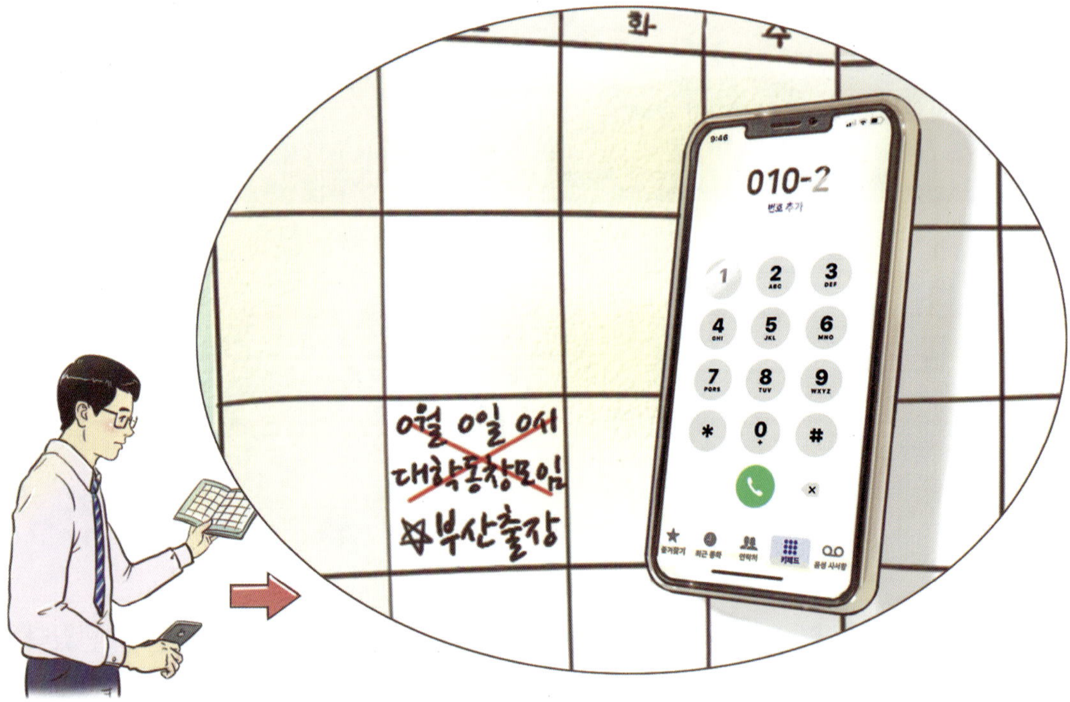

- 이 사람이 친구에게 전화해서 무슨 말을 할 것 같습니까?
- 여러분은 약속을 취소한 적이 있습니까?

이야기해 봅시다

1 후배와 한 약속을 지킬 수 없어서 약속을 취소해야 합니다. 다음 표현을 사용하여 보기 와 같이 이야기하십시오.

이야기를 시작할 때	약속을 취소할 때
· 우리 약속 있지?	· 미안하지만 못 갈 것 같다.
· 우리 약속 말이야.	· 약속을 지키지 못하게 됐어. 미안하다.
· 우리 약속 때문에 전화했어.	· 약속을 취소해야 할 것 같다. 미안하다.

① 에릭

② 우진

③ 레오

④ ______

보기

가: 여보세요? 나 **에릭이야. 우리 약속 말이야.**

나: 네. 무슨 일이 있어요?

가: **미안하지만 못 갈 것 같다.**

나: 네? 왜요?

가: **갑자기 급한 일이 생겨서** 약속을 지키지 못하게 됐어.
다음에 보자.

나: 네. 알겠어요. **다음에 만나야겠네요.**

취소하다　갑자기　급하다　생기다

2 친구와 한 약속을 변경해야 합니다. 보기 와 같이 이야기하십시오.

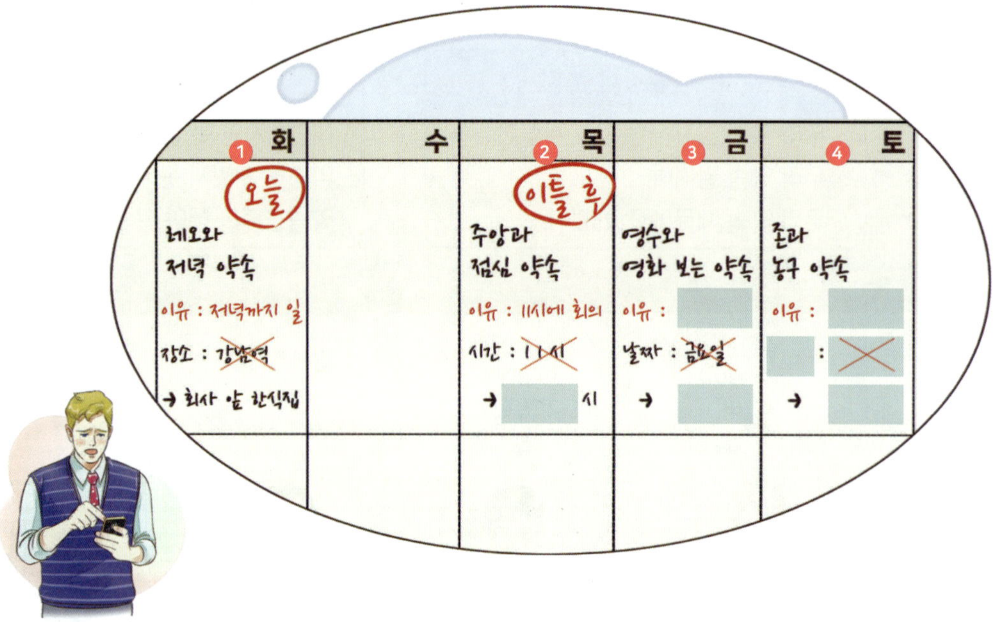

보기

가: 여보세요? **레오지?** 나 에릭이야.
오늘 저녁 약속 때문에 전화했어.
나: 응, 무슨 일이니?
가: 미안하지만 **강남역에 못 갈 것 같다.**
나: 왜?
가: **저녁까지 일을 하게 됐어.**
나: 그러니? 그럼 어떻게 하지?
가: 미안하지만 **약속 장소를** 좀 바꿨으면 좋겠다. **강남역은** 안 될 것 같은데
회사 앞 한식집은 어때? 괜찮니?
나: 응, 괜찮아.
가: 그럼 **거기에서** 보자.
나: 그러자. **늦지 마라.**

이틀

Ⅲ. 써 봅시다

후배와 한 약속을 지킬 수 없게 되었습니다. 약속을 취소하는 문자 메시지와 변경하는 문자 메시지를 쓰십시오.

<약속 취소>

시작하는 말 →

약속을 취소하는 말 →

약속을 취소하는 이유 →

끝인사 →

<약속 바꾸기>

← 시작하는 말

← 약속을 바꾸는 말

← 약속을 바꾸는 이유

← 약속 시간 약속 장소

← 끝인사

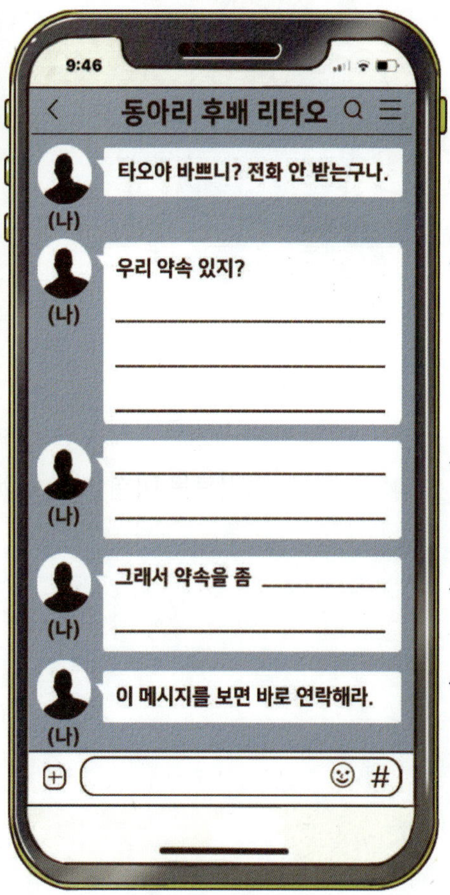

후배 끝인사

10과 부탁

1. 미안한데 숙제 좀 도와줄래?

• 학습 목표: 가까운 사람에게 개인적인 부탁을 할 수 있다.

I. 준비해 봅시다

- 이 사람들에게 무슨 문제가 있습니까?
- 여러분은 이럴 때 누구에게 이야기하겠습니까?

이야기해 봅시다

1 친구에게 부탁을 하려고 합니다. 다음 표현을 사용하여 보기와 같이 이야기하십시오.

부탁을 하기 전에	부탁을 할 때
· 지금 바빠?	· **숙제** 좀 **도와줄** 수 있니?
· 잠깐 시간 있어?	· 미안한데 **숙제** 좀 **도와줄래?**
· 할 말이 좀 있는데…….	· 부탁이 있는데 **숙제** 좀 **도와줄** 수 있어?

보기

가: 주앙, 잠깐 시간 있어?

나: 왜? 무슨 일이야?

가: 혼자 숙제하기가 어려워. 미안한데 숙제 좀 도와줄래?

나: 응, 도와줄게.

가: 고마워. 내가 커피 살게.

나: 아니야, 괜찮아.

부탁하다　도와주다　잃어버리다

2 친구에게 부탁할 일이 있습니다. 보기 와 같이 이야기하십시오.

①
- 노트북을 써야하는데 내 노트북에 문제가 좀 생겼어.
- 사흘

②
- 여행을 가는데 강아지를 봐 줄 사람이 없어.
- 나흘

③
- 이사를 가는데 그 집에 바로 들어갈 수 없어.
- ________

④
- ________
- ________

보기

가: 지금 바빠?

나: 괜찮아. 무슨 일이야?

가: 미안한데 노트북 좀 빌려 줄 수 있어?

나: 왜?

가: 노트북을 써야 하는데 노트북에 문제가 좀 생겼어.

나: 얼마 동안?

가: 사흘쯤 빌렸으면 좋겠어.

나: 그래, 그렇게 해.

가: 고맙다. 내가 밥 살게.

나: 괜찮아.

문제 사흘 나흘 바로 빌려주다

III. 써 봅시다

급한 일이 생겨서 고향에 갔다가 와야 합니다. 친구에게 부탁하는 이메일을 쓰십시오.

제목	
첫인사	
고향에 가는 이유	
부탁하고 싶은 것	1.
	2.
끝인사	

보낸 사람 @

받는 사람 @

제 목 나 이름 이야/야

안녕? 이번 주에도 일이 많니? 전화했는데

내가 어서/아서/여서

고향에 가게 됐어. 쯤 갔다가 올 거야. 그래서 부탁 좀 하려고 하는데 도와줄래?

그리고 부탁할 게 하나 더 있어.

너도 바쁠 것 같은데 이런 부탁을 해서 정말 미안하다. 고향에 갔다가 오면 내가

그럼 잘 지내고 있어. 내가 다시 연락할게. 안녕.

씀

제목 첫인사

10과 부탁

2. 죄송합니다만 사진 좀 찍어 주실 수 있으세요?

• 학습 목표: 여러 상황에서 적절하게 부탁할 수 있다.

Ⅰ. 준비해 봅시다

- 이 사람들이 무슨 부탁을 하고 있을까요?
- 처음 보는 사람에게 부탁을 한 적이 있습니까?

이야기해 봅시다

1 부탁을 하려고 합니다. 다음 표현을 사용하여 보기 와 같이 이야기하십시오.

부탁을 하기 전에	
· 저 · 저기 · 저기요	· 부탁 드릴 게 있는데요.

부탁을 할 때	
· 실례지만 · 죄송하지만 · 죄송합니다만	· **사진 좀 찍어** 주세요. · **사진 좀 찍어** 주시겠습니까? · **사진 좀 찍어** 주실 수 있으세요?

1

2

3

4

보기

가: 저기요, 부탁 드릴 게 있는데요.

나: 네, 무슨 일이세요?

가: 죄송합니다만 사진 좀 찍어 주실 수 있으세요?

나: 네, 찍어 드릴게요.

가: 감사합니다.

나: 뭘요.

저 저기 저기요

2 윗사람에게 부탁을 하려고 합니다. 보기 와 같이 이야기하십시오.

① 회사 부장님께

이 서류를 다시 봐 주세요.
조금 고쳤습니다.

② 아르바이트 가게 사장님께

다음 주 아르바이트 시간을 좀 바꿔 주세요.
병원에 가야 합니다.

③ 집주인 아저씨께

카드키를 다시 만들어 주세요.
잃어버렸어요.

④ 학교 교수님께

보기

가: 저, 부장님. 드릴 말씀이 있는데 잠깐 시간 있으세요?

나: 무슨 일인가요?

가: 부탁 드릴 게 있어서요.

나: 네, 말해 보세요.

가: 죄송합니다만 서류를 다시 봐 주실 수 있으세요?

나: 음, 그래요? 왜요?

가: 제가 조금 고쳤습니다.

나: 알겠어요. 지금은 좀 바쁘니까 이따가 보고 연락해 줄게요.

가: 정말 감사합니다. 갑자기 부탁을 드려서 죄송합니다.

나: 아니에요. 괜찮습니다.

부장 서류 음

III. 써 봅시다

윗사람에게 부탁한 적이 있습니까? 무엇을 어떻게 부탁했는지 이야기하고 일기를 쓰십시오.

질문	친구	나
누구에게 부탁을 했어요?		
무슨 부탁을 했어요?		
부탁할 때 무슨 말을 했어요?		
부탁할 때 무엇이 어려웠어요?		

나의 일기

월 일 요일 날씨

께 인사를 드리러 갔다.

1 보기 와 같이 이야기하십시오.

부탁	약속 시간	약속 장소
집을 알아보려고 하는데 같이 가 줄래?	이번 주 토요일 오전 11시	신촌 커피숍

보기

가: 저, 하늘아, 부탁이 좀 있는데…….
나: 응, 뭐야? 말해 봐.
가: 이사할 집을 알아보려고 하는데 같이 가 줄래?
나: 아, 그래? 알았어. 같이 가 줄게.
가: 정말 고마워. 내가 맛있는 저녁 살게.
나: 아니야, 괜찮아. 언제 만날까?
가: 이번 주 토요일 오전 11시에 신촌 커피숍에서 만나는 게 어때?
나: 그래 좋아. 토요일에 거기서 보자.

2 다음 질문으로 친구와 이야기하십시오.

질문	친구	나
약속을 바꾼 적이 있습니까?		
무슨 약속이었습니까?		
왜 바꿨습니까?		
언제로/어디로 바꿨습니까?		
약속을 바꿀 때 친구한테 어떻게 말했습니까?		

3 약속을 바꾼 일에 대해 일기를 쓰십시오.

연습하기

문화

부탁 예절

선생님께 추천서를 부탁 드릴 때 여러분이 알아야 하는 예절을 소개하겠습니다. 먼저 선생님께 인사를 드리면서 여러분을 소개합니다. 그 다음에 여러분이 부탁할 내용을 말씀 드립니다. “바쁘시겠지만 추천서 좀 부탁 드려도 될까요?”, “죄송합니다만 추천서 좀 써 주실 수 있으세요?” 등의 표현을 사용하는 것이 좋습니다. 이때 여러분이 지원하는 학교의 이름과 전공도 자세히 말씀 드립니다. 그리고 선생님과 만날 시간과 장소를 정한 후에 선생님을 직접 찾아뵙고 “감사합니다. 열심히 준비해서 좋은 결과를 가지고 다시 연락 드리겠습니다.” 라고 감사 인사를 합니다.

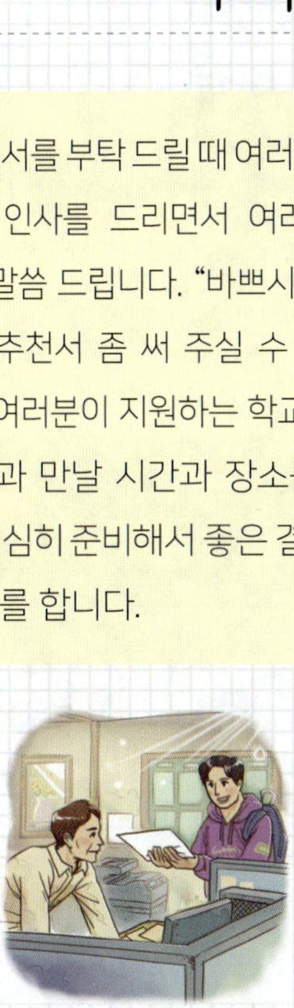

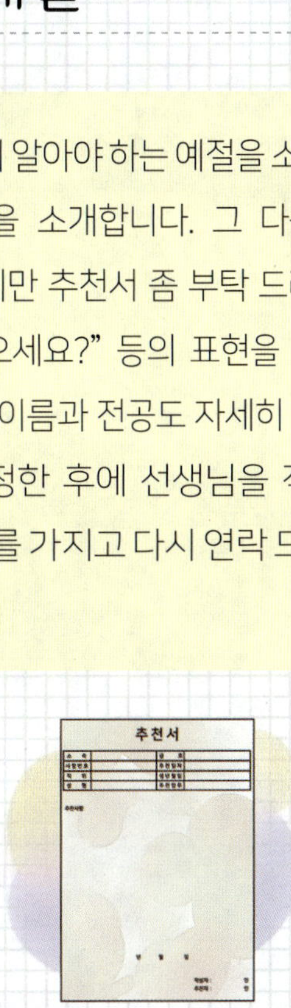

1. 한국에서 윗사람에게 부탁할 때 어떻게 말합니까?
2. 여러분도 윗사람에게 부탁을 해 본 적이 있습니까?

부록

모범 답안
색인

모범 답안

1 인사와 소개

1-1 과제 3

<나의 한국 생활>

저는 베트남에서 온 흐엉입니다. 저는 3개월 전에 한국말을 공부하고 싶어서 한국에 왔습니다.

저는 요즘 한국에서 즐겁게 지냅니다. 한국 생활에 많이 익숙해졌습니다. 처음에는 한국어 공부가 어려웠지만 이제는 재미있습니다. 친구들도 많이 사귀었습니다.

주말에는 보통 친구들과 식사도 하고 이야기도 많이 합니다. 한국에서 친구도 많이 사귀고 한국어 공부도 열심히 하고 즐겁게 지내려고 합니다.

1-2 과제 3

<한국어를 배운 후의 계획>

저는 노르웨이에서 온 노라입니다.

저는 한국어 공부를 시작한 지 3개월 됐습니다. 처음에는 한국 텔레비전 프로그램을 보고 재미있어서 한국어 공부를 시작했습니다.

지금은 한국에서 대학원에 들어가서 신문 방송학을 전공하려고 한국어를 공부하고 있습니다.

앞으로 한국어를 다 배운 후에는 방송국에서 일하고 싶습니다.

여기까지 한국어를 배운 후의 저의 계획 이야기였습니다.

들어 주셔서 고맙습니다.

2 친구와 가족

2-1 과제 3

<내 친구>

제 친구를 소개하겠습니다. 친구 이름은 김리나입니다. 저는 리나를 만난 지 5년 됐습니다. 우리는 대학교에서 처음 만났습니다.

제 친구 리나는 예쁘고 키가 큽니다. 머리가 짧고 눈이 큽니다. 그리고 리나는 성격이 아주 좋습니다. 리나는 말이 많지 않지만 리나와 같이 있으면 마음이 편하고 즐겁습니다.

리나는 노래를 아주 잘 불러서 우리는 만나면 같이 노래방에 갑니다. 리나는 요리도 잘 하고 운동도 잘 합니다. 저는 리나를 아주 좋아합니다.

여기까지 제가 좋아하는 친구 김리나 소개였습니다. 감사합니다.

2-2 과제 3

<아플 때 보고 싶은 사람>

제가 아플 때 제일 보고 싶은 사람은 제 외할머니입니다. 외할머니께서는 제가 아플 때 항상 따뜻하고 맛있는 음식을 만들어 주셔서 외할머니가 가장 많이 생각납니다.

외할머니는 주부이십니다. 음식도 잘 하시고 옷도 잘 만드십시다. 외할머니는 산책을 좋아하셔서 시간이 있을 때마다 집 근처 공원에 산책을 가십니다. 외할머니를 만난 지 오래돼서 빨리 고향에 가서 외할머니와 즐거운 시간을 보내고 싶습니다.

1과-2과 복습 과제 3

<자기 소개>

저는 중국 베이징에서 온 타오입니다. 한국어 공부를 한 지 3개월 됐습니다. 저는 한국에서 대학교에 입학하려고 한국어를 공부합니다. 한국어를 공부할 때 제일 힘든 것은 발음입니다. 한국어 발음하고 중국어 발음이 달라서 힘들 때가 있습니다.

한국 생활이 재미있지만 한국에서 혼자 사는 것은 조금 힘듭니다. 힘들 때 생각나는 사람은 고향에 계신 할머니입니다. 할머니를 생각하면 마음이 따뜻해집니다.

저는 한국어를 배운 후에 한국의 대학교에서 신문 방송학을 전공하려고 합니다. 졸업한 후에는 대학원에 가서 공부를 더 하고 싶습니다.

3 고향

3-1 과제 3

<나의 고향 강릉>

제 고향은 한국의 강릉입니다. 여러분은 제 고향에 가 보셨습니까?

제 고향은 강원도에 있습니다. 제 고향의 동쪽에는 바다가 있고 서쪽에는 산이 있습니다.

제 고향은 유명한 관광지입니다. 경치가 아름다운 해수욕장이 있습니다. 해산물도 많습니다. 구경거리도 많습니다. 여름에는 제 고향 강릉의 해수욕장에 관광객들이 많이 옵니다.

여러분도 제 고향에 꼭 한번 오세요.

제 고향 이야기를 들어 주셔서 고맙습니다.

3-2 과제 3

<내 고향 소개>

저는 중국 베이징에서 왔습니다. 제 고향 베이징은 중국 북동부에 있습니다. 제 고향은 중국의 수도이고 사람이 많고 복잡합니다.

서울 날씨는 제 고향 날씨와 조금 다릅니다. 서울은 겨울에 눈이 많이 오는데 베이징은 눈이 많이 오지 않습니다.

우리 고향에서는 베이징덕이 유명합니다. 베이징에 오면 꼭 드세요. 그리고 우리 고향에서 꼭 구경할 곳은 만리장성입니다. 그곳은 경치가 아름답고 유명하기 때문에 구경하는 사람이 많습니다.

4 집

4-1 과제 3

<내가 살고 싶은 집>

저는 바닷가에 있는 아파트에서 살고 싶습니다. 그리고 그 집이 부산에 있었으면 좋겠습니다. 제가 바다를 좋아하기 때문입니다.

집은 크고 넓었으면 좋겠습니다. 그리고 방이 많았으면 좋겠습니다. 방이 많이 있으면 친구나 가족이 한국에 왔을 때 우리 집에서 같이 지낼 수 있습니다. 그리고 거실이 넓었으면 좋겠습니다. 거실에서 바다를 볼 수 있으면 좋을 것 같습니다. 요리를 자주 하지 않아서 작은 부엌도 괜찮습니다. 집 안에 침대, 에어컨, 책상, 냉장고, 텔레비전, 오븐이 있었으면 좋겠습니다.

집 근처에는 백화점이 있었으면 좋겠습니다. 저는 쇼핑을 좋아하기 때문에 백화점이 집 근처에 있으면 좋을 것 같습니다.

4-2 과제 3

<룸메이트를 찾습니다>

같이 살 룸메이트를 찾습니다.

제가 살고 있는 집은 아주 좋습니다.

우리 집은 아파트이고 연희동에 있습니다. 7층이고 엘리베이터가 있습니다. 월세는 한 달에 40만 원입니다. 교통은 아파트에서 버스 정류장이 가깝고 버스도 많아서 편리합니다. 집에는 방 두 개와 욕실, 거실, 부엌이 있고 TV와 에어컨과 세탁기도 있습니다.

같이 살면 식사 준비는 따로 하고 청소는 주말에 같이 했으면 좋겠습니다.
집을 보고 싶으면 이메일이나 전화로 연락해 주세요.

3과-4과 복습 과제 3

<우리 집>

저는 신촌역 근처에 있는 원룸에서 살고 있습니다. 저는 이 원룸을 인터넷으로 찾았습니다. 이 집에서 산 지 4개월 됐습니다. 우리 집은 깨끗하고 월세도 비싸지 않아서 아주 좋습니다. 하지만 집이 좀 어두워서 가끔 낮에도 불을 켜야 합니다.

집에는 부엌과 욕실, 작은 베란다가 있고 세탁기와 에어컨도 있습니다. 집 근처에는 식당과 커피숍, 여러 가지 가게들이 많아서 생활하기가 편리합니다.

5 음식

5-1 과제 3

<내가 가장 좋아하는 음식>

제가 가장 좋아하는 한국 음식은 비빔밥입니다. 제가 그 음식을 좋아하는 이유는 건강에 좋기 때문입니다. 저는 2년 전에 한국에 여행을 왔을 때 비빔밥을 처음 먹어 봤습니다.

비빔밥은 여러 가지 채소와 고기로 만든 음식인데 조금 맵지만 맛있습니다. 그 음식을 먹을 때는 고추장을 넣고 비벼서 먹습니다. 비빔밥은 조금 맵지만 맛있습니다.

저는 비빔밥을 아주 좋아해서 일주일에 세 번쯤 먹습니다. 고향에 돌아가서도 비빔밥을 먹을 수 있었으면 좋겠습니다. 그래서 고향에 돌아가기 전에 비빔밥 만드는 법을 꼭 배우겠습니다.

5-2 과제 3

<나의 수제비 요리법>

여러분은 수제비를 아십니까? 수제비를 먹어 본 적이 있습니까?

이 음식은 제가 자주 만들어 먹는 음식인데 만들기 쉽고 국물이 따뜻해서 좋습니다.

이 음식의 재료로는 밀가루가 있어야 합니다. 그리고 감자, 호박, 양파, 멸치, 소금도 준비해야 합니다.

이제 요리법을 소개하겠습니다. 먼저 밀가루 한 컵하고 물 네 숟가락으로 반죽을 만들어서 냉장고에 넣습니다. 그다음에 물 세 컵에다가 멸치와 소금을 넣고 끓입니다. 국물이 끓으면 감자, 호박, 양파를 먹기 좋게 썰어 넣습니다. 그리고 밀가루 반죽을 얇게 뜯어 넣고 더 끓입니다. 더 맛있게 만들고 싶으면 국물에다가 다진 마늘을 조금 넣어서 끓이십시오.

맛이 맵지 않아서 아이들도 잘 먹습니다. 만들기가 생각보다 어렵지 않으니까 여러분도 한번 만들어 보세요.

끝까지 들어 주셔서 고맙습니다.

6 시장

6-1 과제 3

<내가 자주 가는 마트>

우리 집 근처에 마트가 있습니다. 거기에서는 여러 가지 물건을 많이 팝니다. 과일, 과자, 생활용품, 채소, 고기를 팝니다. 우유, 주스, 커피도 팝니다. 여러 나라 맥주도 팝니다. 마트는 오전 10시에 문을 열고 밤 12시에 문을 닫습니다. 한 달에 두 번 일요일에 쉽니다.

저는 거기에서 채소와 고기, 과자, 생수, 주스를 삽니다. 무거운 물건을 많이 사면 배달을 해 줍니다. 그 마트는 물건이 많고 넓어서 좋습니다. 그리고 마트 안에는 식당도 있습니다. 가끔 거기에서 밥을 먹습니다. 마트 근처에 옷 가게도 있어서 가끔 구경을 합니다.

불편한 점도 있습니다. 주말에 가면 사람이 많아서 좀 불편합니다. 계산할 때 오래 기다려야 합니다. 그래서 저는 주말에 가지 않고 수요일에 갑니다.

6-2 과제 3

<내가 쇼핑하러 가는 곳>

여러분에게 쇼핑하기 좋은 곳을 알려 드리겠습니다. 저는 쇼핑을 하러 고속 터미널 지하상가에 갑니다. 고속 터미널 지하상가는 고속터미널역에 있습니다. 지하철 3호선이나 7호선이나 9호선을 타고 고속터미널역에서 내리면 갈 수 있습니다.

제가 그곳을 좋아하는 이유는 여러 가지가 있습니다. 첫째, 물건의 종류가 정말 많아서 여러 가지 물건을 구경할 수 있기 때문입니다. 둘째, 가격이 별로 비싸지 않기 때문입니다. 셋째, 근처에 맛있는 식당이 많기 때문입니다.

여러분들도 시간이 있으면 한번 가 보십시오.

제 발표는 여기까지입니다. 들어 주셔서 감사합니다.

5과-6과 복습 과제 3

<내가 가 본 시장과 거기에서 먹은 음식>

저는 한국에서 남대문 시장에 가 봤습니다. 남대문 시장은 서울의 유명한 시장인데 우리 집에서 가깝습니다. 그래서 지난달에 친구와 같이 남대문 시장에 갔습니다. 남대문 시장은 크고 넓었지만 사람이 많아서 조금 복잡했습니다. 저는 거기에서 양말을 샀습니다. 양말 다섯 켤레에 만 원이었습니다. 싸고 예쁜 양말을 사서 기분이 좋았습니다.

그리고 남대문 시장에는 어묵, 호떡, 갈치조림 등 많은 음식이 있었습니다. 저는 호떡을 사 먹었습니다. 호떡은 밀가루와 설탕, 땅콩 등을 넣고 만든 음식인데 달고 아주 맛있습니다. 겨울에 먹으면 더 좋을 것 같습니다. 남대문 시장에는 화장품 가게도 있고 옷 가게도 있습니다. 예쁜 액세서리도 많아서 선물로 사서 친구에게 주면 좋을 것 같습니다.

7 쇼핑

7-1 과제 3

<내가 사고 싶은 세 가지 물건>

제가 사고 싶은 물건 세 가지를 이야기하겠습니다.

가장 사고 싶은 것은 노트북 컴퓨터입니다. 왜냐하면 고향에서 가지고 온 컴퓨터가 있지만 가지고 다니기 불편하기 때문입니다. 그래서 도서관이나 커피숍에서도 쓸 수 있는 노트북 컴퓨터를 사고 싶습니다.

두 번째로 사고 싶은 것은 여행 가방입니다. 이번 방학에 친구들과 여행을 가려고 하는데 여행 가방이 없기 때문입니다. 크지만 가벼운 가방을 사고 싶습니다.

세 번째로 사고 싶은 것은 운동화입니다. 운동을 하고 싶기 때문입니다. 파란색 운동화를 사서 신고 공원에서 산책도 하고 등산도 하고 싶습니다. 저는 돈을 모아서 꼭 그 물건들을 사겠습니다.

제 발표는 여기까지입니다. 들어 주셔서 감사합니다.

7-2 과제 3

<한국에서 산 물건>

이것은 제가 한국에서 산 가방이에요. 2주 전에 친구하고 가로수길에 가서 샀어요. 가로수길에는 멋있는 옷과 신발, 가방을 파는 가게가 얼마나 많은지 몰라요.

이것은 사이즈가 커서 참 마음에 들어요. 요즘 공부할 것이 많은데 책을 많이 넣을 수 있어서 좋아요. 그리고 주머니가 많은 점도 아주 마음에 들어요. 주머니가 많기 때문에 지갑, 핸드폰, 거울, 열쇠 등 여러 가지 물건을 넣어도 쉽게 찾을 수 있어서 얼마나 편한지 몰라요. 그렇지만 색은 좀 마음에 들지 않아요. 밝은 회색인데 쉽게 더러워질 것 같아서 걱정이 되네요. 색이 더 어두웠으면 좋겠어요.

다음에도 마음에 드는 물건을 사면 여기에 소개하겠습니다.

8 초대

8-1 과제 3

<유학생 모임 '함께'에 초대합니다>

요즘 한국 생활이 재미있습니까? 한국 생활을 즐겁게 해 줄 모임이 있습니다!

한국에 살고 있는 외국인, 친구를 만나고 싶은 외국인을 초대합니다. 모임에 오시면 한국 생활에 대해서 같이 이야기하고 맛있는 음식을 같이 먹을 수 있습니다. 날짜는 11월 20일 금요일이고 시간은 저녁 6시입니다. 모임 장소는 수라 식당입니다. 회비는 20000원입니다. 준비할 것은 없습니다.

한국 생활을 더 재미있게 하고 싶은 분들은 모두 오셨으면 좋겠습니다. 더 알고 싶은 것이 있으면 연락해 주세요.

연락처: 010-1234-5678

8-2 과제 3

<문자 메시지>

- 목욕용품이나 세제는 어때? 결혼한 친구이니까 좋은 선물이 될 것 같아. 나도 옛날에 세제를 선물 받은 적이 있는데 이사를 하고 청소를 할 때 아주 잘 사용했어.
- 쿠키는 선물하지 마. 다른 사람들도 많이 선물할 거야.

7과-8과 복습 과제 3

<바자회에 초대하는 글>

12월 23일 토요일 오후 3시. 유학생 바자회를 합니다. 바자회 장소는 학생회관 앞입니다. 오고 싶은 분들은 모두 오십시오. 사용하지 않는 물건이나 입지 않는 옷, 읽지 않는 책이 있으면 가지고 와서 필요한 사람들에게 팔 수 있습니다. 물건을 판 돈은 좋은 일에 쓰려고 합니다. 많이 와 주시면 감사하겠습니다.

9 약속

9-1 과제 3

<나의 일기>

12월 16일 토요일 맑음

언어 교환 친구 준호를 만났다. 우리는 오전 11시에 광화문에서 만났다. 준호가 시험 준비 때문에 너무 바빠서 2주 동안 만나지 못했다. 오랜만에 준호의 얼굴을 봐서 더 반가웠다. 우리는 커피숍에서 두 시간쯤 언어 교환을 했다. 그리고 근처에 있는 한식집에 가서 점심을 먹었다. 좀 추웠지만 날씨가 맑아서 청계천을 구경했다. 놀러 나온 가족과 커플들이 많았다. 우리는 구경을 한 후에 영화를 보러 갔다. 코미디 영화를 봤는데 무척 재미있었다. 한국어를 더 공부해서 한국 영화도 많이 보고 싶다. 영화를 본 후 지하철을 타고 집으로 돌아왔다. 피곤하지만 즐거운 하루였다. 다음 주 약속도 기대가 된다.

9-2 과제 3

<학교 후배 정하늘에게 보내는 문자 메시지>

- 하늘아, 네가 전화를 안 받아서 문자 메시지를 보낸다.
- 우리 약속 말이야. 약속을 못 지킬 것 같다.
- 갑자기 회사에서 출장을 가게 됐어. 약속을 취소해서 미안하다.
- 연락 기다릴게.

<동아리 후배 리타오에게 보내는 문자 메시지>

- 타오야, 바쁘니? 전화 안 받는구나.
- 우리 약속 있지? 약속 시간을 바꿔야 할 것 같다.
- 내가 저녁에 어디에 좀 가게 돼서 30분쯤 늦을 것 같다.
- 그래서 약속을 좀 미뤘으면 좋겠다. 7시 반에 만났으면 좋겠는데 넌 어때? 괜찮니?
- 이 메시지를 보면 바로 연락해라.

10 부탁

10-1 과제 3

<나 히로에야>

지선아,

안녕? 이번 주에도 일이 많니? 전화했는데 받지 않아서 이메일을 보낸다.

내가 고향 집에 일이 좀 있어서 갑자기 고향에 가게 됐어. 일주일쯤 갔다가 올 거야. 그래서 부탁 좀 하려고 하는데 도와줄래? 내가 인터넷으로 산 물건이 있는데 아마 내일쯤 집에 올 거야. 우리 집에 가면 집 앞에 상자가 있을 거야. 그 상자를 좀 찾아서 집 안에 넣어 줬으면 좋겠어.

그리고 부탁할 게 하나 더 있어. 우리 집에 꽃과 작은 나무가 있어. 일주일 동안 물을 주지 않으면 다 죽을 것 같아. 우리 집에 가서 꽃과 나무에 물을 한 번 줄래? 너도 바쁠 것 같은데 이런 부탁을 해서 정말 미안하다. 고향에 갔다가 오면 내가 밥도 사고 커피도 살게.

그럼 잘 지내고 있어. 내가 다시 연락할게. 안녕.

히로에 씀

10-2 과제 3

<나의 일기>

11월 2일 금요일 맑음

지난 학기 한국어 선생님께 인사를 드리러 갔다. 대학원 입학 시험 준비 때문에 쓴 자기 소개서를 한번 읽어 봐 주시기를 부탁 드리고 싶었다.

나는 선생님께 내가 공부하고 싶은 전공 내용과 그동안 준비한 것도 말씀 드렸다. 오랜만에 만난 선생님께 한국말로 부탁을 드리기가 정말 어려웠다. 윗사람에게 부탁할 때 사용하는 한국말 표현도 잘 모르고 내가 실수를 할 것 같아서 걱정됐다. 그래도 선생님께서 웃으시면서 부탁을 들어주셔서 정말 기뻤다. 입학시험 준비를 더 열심히 해야겠다.

9과-10과 복습 과제 3

<나의 일기>

10월 5일 수요일 흐림

오늘 제임스에게 전화를 걸었다. 주말 약속을 지킬 수 없기 때문이었다. 제임스와 나는 이번 주 일요일에 등산을 할 계획이었다. 그런데 어제부터 다리가 너무 아파서 등산을 못할 것 같았다. 이번 주에는 병원에도 날마다 다녀야 할 것 같다. 그래서 제임스에게 전화를 해서 약속 날짜를 다음 주 일요일로 바꿨다. 약속 날짜를 바꾸면 제임스가 싫어할 것 같아서 걱정을 많이 했는데 제임스는 내 아픈 다리를 걱정했다. 착한 제임스. 빨리 다리가 좋아져서 제임스와 등산을 하고 싶다.

색인

어휘 색인

ㅅ

ㅎ

English Version

새 연세한국어 말하기와 쓰기 2-1

별책부록

NEW YONSEI KOREAN Speaking and Writing

연세대학교 한국어학당 편

연세대학교 출판문화원

Foreword

The Yonsei University Korean Language Institute ("Yonsei KLI") was established in 1959 as the first institute to provide Korean language courses. Yonsei KLI has published numerous Korean language teaching textbooks and conducted various studies on Korean language pedagogy commensurate with its long history and prestigious reputation as the world's leading Korean language institute. Yonsei KLI has imparted language skills and knowledge of Korea's rich cultural heritage to over 140,000 students from 147 countries. More recently, the institute has extended the learning environment beyond physical classrooms to the online space through the creation of MOOCs(Massive Open Online Course), which have received deep appreciation from those who wish to learn the Korean language but are unable to attend Yonsei KLI in person. To keep pace with the rapidly evolving educational environment, Yonsei KLI continues to relentlessly pursue various endeavors to update and develop new methods of and materials for teaching the Korean language.

Yonsei KLI has offered various regular, short-term, and the university Korean courses for those who are studying the Korean language for both general and special purposes. The institute has been deeply committed to developing teaching materials of the highest quality that cater to learners' needs. The textbooks created and published by Yonsei KLI have been satisfying the diverse needs of Korean language instructors and learners around the world to provide excellent teaching and learning experiences.

Yonsei KLI is now proud to present the "New Yonsei Korean" textbook series which follows in the steps of the "Yonsei Korean 1–6" series, the all-time favorite textbook series for learning the Korean language. Many scholars and instructors with years of hands-on Korean language teaching experience have been involved, and great deals of time and effort have been dedicated in its development. Their understanding of the best teaching practices and the needs of learners are incorporated into this new series.

The recently published "New Yonsei Korean" textbook series is comprised of six levels of vocabulary and grammar, speaking and writing, and listening and reading textbooks. "New Yonsei Korean Vocabulary and Grammar" textbook helps the Korean learners at each level in building and utilizing the key vocabulary words and grammatical concepts. "New Yonsei Korean Speaking and Writing" textbook focuses on speaking and writing exercises that enable learners to familiarize themselves with expressions that are essential for communication in Korean. "New Yonsei Korean Listening and Reading" textbook fosters 2 the comprehension skills appropriate for each level of the Korean language through listening and reading exercises. The three textbooks in each series can be used together as a package to help learners acquire balanced Korean language proficiency or may be used separately depending on the educational environment or individual learners' needs. Furthermore, an additional guidebook for the vocabulary and grammar textbook was provided to assist teachers with relatively less experiences.

Yonsei KLI will continue to dedicate time and energy to developing textbooks and teaching materials that can satisfy the needs and meet the expectations of Korean language learners around the world. Yonsei KLI hopes that this newly released textbook series will be of great help to numerous instructors both inside and outside of Korea doing their utmost to offer top-notch Korean language education and to all of the learners around the world striving to learn the Korean language.

The Yonsei University Institute of Language Research and Education
The Yonsei Korean Language Institute Textbook Compilation Committee

Introduction

1. This book, together with "New Yonsei Korean Language Vocabulary & Grammar 2" and "New Yonsei Korean Language Listening & Reading 2," is for beginner-level Korean language learners. It has been compiled so that students can practice speaking and writing the sentence structure and vocabulary they've learned in "New Yonsei Korean Language Vocabulary & Grammar 2."

2. This book focuses on developing students' ability to express themselves so that beginner-level Korean language learners can ultimately speak and write Korean.

3. This book consists of 20 lessons and each lesson is made up of two sections, totaling 40 sections in all. For every two lessons, there is a separate review section, and there are a total of 10 review sections in the book. Each section consists of enough material for a 50-minute class, and the entire book contains 50 sections total. And for every two lessons, there is a segment that introduces Korean culture.

4. Each section of the book consists of a title, learning objectives, a "Let's Prepare" segment, "Let's Discuss" segment, and "Let's Write" segment. The review section consists of three assignments so that students can review the topic, function, vocabulary and grammar from the previous two lessons.

5. The title of each lesson in this book is the same as the lesson titles of "New Yonsei Korean Language Vocabulary & Grammar 2." The title of each section is the representative sentence from the dialogue so that learners can clearly understand the learning objective of the section.

6. The learning objective is expressed as, "can speak about –," "can explain –," and "can introduce—" in order to help learners understand the function of each of the expressions.

7. The "Let's Prepare" segment is essentially an introduction to the section. The illustration, which serves as an example to help learners understand the learning objective, is followed by two questions that aim to induce learners to predict the specific content that the section will consist of. One of the questions refers to the illustration and the other question refers to the personal experience of the learner that is related to the theme of the section.

8. "Let's Discuss" is formatted so that learners can practice speaking by applying the contents of what they have learned in "New Yonsei Korean Language Vocabulary & Grammar 2." The authors tried to incorporate various situations so that beginner-level Korean language learners can learn to communicate in specific real-life situations. Useful expressions are

also introduced in each of the dialogues in order to help learners improve their ability to communicate. Moreover, each exercise consists of an "Example" section that shows the structure of the entire dialogue with the aim of furthering the understanding of learners.

9. "Let's Write" is comprised of exercises that integrate writing with speaking activities through instructions such as "Write and present your ideas" and "Discuss and write down the contents of your discussion." In order to help learners familiarize themselves with the writing structure that corresponds to the function and format of the text, an example of the text is also included. For the "Write & Present" exercises, we included useful expressions to use when making a presentation to help learners practice speaking in formal situations. A "Model Answer" segment is also provided so that learners can refer to the recommended writing structure.

10. The "Review Section" consists of three exercises. It aims to help learners practice their written and spoken discourse using the vocabulary, grammar, and theme that they learned in the preceding two sections.

11. "Culture" introduces Korean culture, as well as Korean expressions that learners can use.

12. Each of the exercises consist of level-based activities so that Korean language learners can express themselves in various ways according to their Korean language ability. "Let's Discuss" is formatted so that learners can begin with forming a conversation within the context of a given situation, and then proceeds to introduce a higher level of speech, where learners can engage in dialogue within the context of their own personal situations. "Let's Write" begins with the outlining stage and follows a logical, step-by-step process to help learners with writing composition.

13. New vocabulary can be found at the bottom of the page for each relevant exercise. In addition, an Appendix of all of the new vocabulary words and the section in which they were used is included in the book to help learners with their Korean language studies.

Contents Map

Chapter	Title	Lesson objective	Expression	Culture
Unit 1 Greetings and Intro-ductions	<1> I am happy because I made a lot of friends.	to be able to talk about your lifestyle in recent times	-게[1] -어지다	Various Expressions of Greeting
	<2> I am learning Korean so I can get into a Korean university.	to be able to talk about your major and plans	-은 지 -으려고	
Unit 2 Friends and Family	<1> My friend is tall and has a good personality.	to be able to talk about your friend's physical appearance and personality	-네요 -겠다[2]	
	<2> I miss my grandmother the most when I am sick.	to be able to introduce your family and relatives	-을 때 의	
Unit 3 Hometown	<1> Have you been to Jeju Island?	to be able to explain the loca-tion of one's hometown	만에 -어 보다[1]	Korean Special-ties
	<2> The air is good because there are many trees in the park.	to be able to explain character-istics of one's hometown	-기 때문에 -는데[2]	
Unit 4 Houses	<1> I wish the room was larger.	to be able to explain the pros and cons of one's house	-었으면 좋겠다 -어야겠다	
	<2> Is the transportation convenient?	to be able to explain the setup of your house and surrounding environment	-는 중이다 -나요?	

Chapter	Title	Lesson objective	Expression	Culture
Unit 5 Food	<1> Put the rice into the soup and eat it with kimchi.	to be able to introduce food and how to eat it	-어 보다[2] -는데[3]	Table Setup for a Korean Meal
	<2> Have you ever cooked Korean food?	to be able to explain ingredients for a dish and how to cook it	-은 적이 있다 에다가	
Unit 6 Market	<1> It is most likely sold at the market.	to be able to explain different places to buy products	-을까요?[3] -을 거예요[2]	
	<2> I would like to buy some hiking boots. Do you know where I can buy them?	to be able to recommend a place for shopping	-는데[4] -어하다	
Unit 7 Shopping	<1> May I try it on?	to be able to talk about a product you want to buy	-어도 되다 -으면 안 되다	Sizes for Korean Clothes and Shoes
	<2> You have no idea how much I like it.	to be able to explain the pros and cons of a product you purchased	ㅎ동사 얼마나 -는지 모르다	
Unit 8 Invitation	<1> I am thinking about having a farewell party with my friends.	to be able to explain about a meeting and invite someone	-어 -을까 하다	
	<2> I'll bake a cake and take it	to be able to recommend gifts appropriate for different situations	-어 가지고 -지 마	

Chapter	Title	Lesson objective	Expression	Culture
Unit 9 Appoint-ments	<1> How about we meet at Haneul Park at 11 o'clock?	to be able to decide on a time and place for an appointment	-는다, -니? -을게요	Etiquette when making a request
	<2> Something sudden came up so I couldn't make the appointment	to be able to cancel or change an appointment	-어라, -자 -게 되다	
Unit 10 Request or Favor	<1> I'm sorry but can you help me with the home-work?	to be able to ask a personal favor from someone close to you	-을래요? -었다가[1]	
	<2> Excuse me but can you take a picture for me?	to be able to make a request appropriate to different situa-tions	-습니다만 -는지 알다	

Contents

Unit 1 Greetings and Introductions

<1> I am happy because I made a lot of friends.

Lesson objective: to be able to talk about your lifestyle in recent times

Vocabulary

익숙하다 to be used to　　힘들다 to be difficult
즐겁다 to be fun or be happy
지내다 to spend one's time
오랜만이다 it's been a while; long time no see
보내다 to spend time　　사귀다 to make friends

<2> I am learning Korean so I can get into a Korean university.

Lesson objective: to be able to talk about your major and plans.

Vocabulary

한국어 교육학 Korean language education
신문 방송학 journalism and mass communication
경영학 business adminstration
천문 우주학 astronomy
컴퓨터 공학 computer engineering
경제학 economics　　의학 medical science
방송국 broadcasting station
대학원 graduate school　　전공하다 to major in
졸업하다 to graduate　　앞으로 in the future
이유 reason　　목적 goal or purpose

Unit 2 Friends and Family

<1> My friend is tall and has a good personality.

Lesson objective: to be able to talk about your friend's physical appearance and personality

Vocabulary

날씬하다 to be slim
잘생기다 to be good-looking
어깨 shoulder　　성격 personality
착하다 to be good-natured or nice
마음 heart or mind　　안경 glasses
끼다 to put on　　두다 to put or place
모습 appearance

<2> I miss my grandmother the most when I am sick.

Lesson objective: to be able to introduce your family and relatives

Vocabulary

고모 aunt (sister of one's father)
작은아버지 uncle (young brother of one's father)
조카 nephew or niece　　콘서트 concert
공무원 public service worker
친척 relative

Unit 1 - Unit 2 Review

Culture: Various Expressions of Greeting

The greeting etiquette of Koreans is diverse and how you greet one another can be different depending on the situation. When you wake up in the morning in Korea, you greet people with, "안녕히 주무셨어요?(Have you slept well?)" When you meet someone on the road, you substitute the greeting with the question, "어디 가세요?(Where are you going?)"or "어디 다녀오세요?(Where are you coming from?)"When you meet someone past the time for a meal, you greet with, "식사하셨어요?(Have you eaten your meal?)" And when you meet someone you haven't seen in a long time, you greet them and ask about their life in recent days with the greeting, "오래간만이에요. 그동안 잘 지냈어요?(Long time no see. How have you been?)" When you greet someone in Korea, you have to think about the person's age and your relationship with him or her and use the appropriate expressions.

Unit 3 Hometown

<1> Have you been to Jeju Island?

Lesson objective: to be able to explain the location of one's hometown

Vocabulary

강화도 Ganghwa-do　　인삼 ginseng
해산물 seafood　　수원 Suwon
서해 West Sea　　남해 South Sea
동해 East Sea　　경기도 Gyeonggi-do
강원도 Gangwon-do　　충청도 Chungcheong-do
전라도 Jeolla-do　　경상도 Gyeongsang-do
다녀오다 to go and return
섬 island　　관광지 tourist destination
도빌 Deauville (a city in France)
해수욕장 beach　　케냐 Kenya
나이로비 Nairobi
가운데 the middle or center
수도 capital city
구경거리 tourist attraction

하와이 Hawaii
태평양 the Pacific Ocean
위치 position

<2> The air is good because there are many trees in the park.

Lesson objective: to be able to explain characteristics of one's hometown

Vocabulary

오슬로 Oslo
호찌민 Ho Chi Minh
내내 (all) through or throughout
자연 nature
상파울루 Sao Paulo
그립다 to miss or long for
북동부 northeast
베이징덕 Peking duck
유명하다 to be famous
만리장성 Great Wall of China
중부 Central
타코야키 Takoyaki
성 castle
하노이 Hanoi
북부 Northern
호안끼엠 Hoàn Kiếm Lake (the name of a lake in Hanoi, Vietnam)
남부 Southern
왕궁 palace

Unit 4 Houses

<1> I wish the room was larger.

Lesson objective: to be able to explain the pros and cons of one's house

Vocabulary

아침밥 breakfast
관리비 management expenses or utilities
이태원 Itaewon
불편하다 to be inconvenient or uncomfortable
점 point
알아보다 to search or look into
앱 application (app)
이사하다 to move

<2> Is the transportation convenient?

Lesson objective: to be able to explain the setup of your house and surrounding environment

Vocabulary

베란다 veranda
고시원 boarding place for the civil service examination
새로 newly
편리하다 to be convenient
월세 monthly rent
거의 almost or nearly
계약 contract
룸메이트 roommate
엘리베이터 elevator
가구 furniture

Unit 3 - Unit 4 Review

Unit 3 - Unit 4 Vocabulary

해안 seashore or coast
바이킹 Viking
피오르드 Fjord

Culture: Korean Specialties

Have you ever travelled within Korea? What did you do in your travels? When people travel, they go sightseeing, eat famous foods, and buy the famous products from that area. These things are called specialties. In Jeju Island, the tangerine is famous. Rice and pottery are famous in Gyeonggi-do while beef and corn are well-known in Gangwon-do. Because these specialties from the different regions were better than other places, they were once sent as gifts to the king a long time ago. Nowadays, these kinds of specialties can be easily ordered through the post office or internet.

Unit 5 Food

<1> Put the rice into the soup and eat it with kimchi.

Lesson objective: to be able to introduce food and how to eat it

Vocabulary

문어 octopus
소스 sauce
뿌리다 to sprinkle
오리고기 duck meat
밀전병 grilled wheat cake
싸다 to wrap
슈하스코 churrasco (name of a Brazillian food)
파인애플 pineapple
찍다 to dip
소갈비 beef ribs
소고기 beef
육수 meat stock
면 noodles
겨자 mustard
빈대떡 mung-bean pancake
녹두 mung beans
국물 soup
말다 to put into soup or mix with

<2> Have you ever cooked Korean food?

Lesson objective: to be able to explain ingredients for a dish and how to cook it

Vocabulary

달걀찜 steamed egg
달걀 egg
소금 salt
섞다 to mix or blend
넣다 to put in or add
찌다 to steam
재료 ingredient
감자 potato

베이컨 bacon
볶다 to stir-fry
기름 oil
프라이팬 frypan
삶다 to boil
채소 vegetables
옥수수 corn
샐러드 salad
마요네즈 mayonnaise
썰다 to cut or chop
궁중 떡볶이 gungjung-tteokbokki (Royal Stir-fried Rice Cake)
떡 rice cake
양념 seasoning
간장 soy sauce
설탕 sugar
마늘 garlic
미역국 miyeokguk (seaweed soup)
미역 seaweed
찬물 cold water
냄비 pot
고기 meat
끓이다 to boil or heat
볶음밥 fried rice
참치 tuna
끓다 to boil
마지막 last
참기름 sesame oil
별로 not really

Unit 6 Market

<1> It is most likely sold at the market.

Lesson objective: to be able to explain different places to buy products

Vocabulary

수건 towel
칫솔 toothbrush
쌀 rice
콩 bean
풍선 balloon
이불 blanket
방석 sitting cushion
마트 market
팔다 to sell
음료 beverage
생활용품 living products
종류 variety or kind
싱싱하다 to be fresh
조금씩 gradually
냉동식품 frozen food
식료품 groceries

<2> I would like to buy some hiking boots. Do you know where I can buy them?

Lesson objective: to be able to recommend a place for shopping

Vocabulary

가전제품 electric home appliance
스포츠 용품 sporting goods
남성복 men's clothing
여성복 women's clothing
패션 잡화 fashion goods
등산화 hiking boots
선풍기 electric fan
귀걸이 earrings
매장 shop or store
상품 merchandise or goods
건강식품 health food
전자 상가 electronics shops
동대문역사문화공원역 Dongdaemun history and culture park station
제품 product
문고 book store

안내하다 to guide
첫째 first
둘째 second
셋째 third

Unit 5 - Unit 6 Review

Unit 5 - Unit 6 Vocabulary

감자탕 gamjatang(Pork Back-bone Stew)
등뼈 backbone

Culture: Table Setup for a Korean Meal

In the table setup for a Korean meal, the rice is on the left, the soup is on the right, and the spoon and chopsticks are on the right side of the table. There is basically rice, soup, kimchi, and a stew on the table of a Korean meal. Then according to the number of additional side dishes, the table was called a 'three-dish table,' 'five-dish table,' seven-dish table,' or 'nine-dish table.' When guests are invited to a meal, the house owner would prepare the table and then greet his guests by saying, "차린 것은 없지만 많이 드세요(Although I haven't prepared much, please eat a lot of food)." Then the guests will greet the house owner before starting the meal by saying, "잘 먹겠습니다(We will enjoy the meal.)." After waiting for everyone to finish their food at the end of the meal, the guests say, "잘 먹었습니다(We have eaten well)," and the meal is completed.

Unit 7 Shopping

<1> May I try it on?

Lesson objective: to be able to talk about a product you want to buy

Vocabulary

원피스 one-piece dress
블라우스 blouse
운동복 sportswear
분홍색 pink
유행이다 to be in fashion
갈아입다 to change clothes
점퍼 jacket
조끼 vest
청바지 jeans
반바지 shorts
스카프 scarf
샌들 sandals
첫 first
회색 gray
윗사람 one's elders or seniors
가장 most or extremely
두 번째 second
세 번째 third

<2> You have no idea how much I like it.

Lesson objective: to be able to explain the pros and cons of a product you purchased

Vocabulary

색깔 color
밝다 to be bright
어둡다 to be dark
연하다 to be light (color)
진하다 to be dark or deep
디자인 design
단순하다 to be simple
화려하다 to be ornate or brilliant
무늬 pattern or design
꽃무늬 flower pattern
줄무늬 stripes
체크무늬 checkered pattern
얼룩무늬 spotted design
물방울무늬 polka dots
사이즈 size
맞다 to fit
마음에 들다 to like
답글 message in reply

Unit 8 Invitation

<1> I am thinking about having a farewell party with my friends.

Lesson objective: to be able to explain about a meeting and invite someone

Vocabulary

송별회 farewell party
동호회 workplace club
모임 meeting or gathering
유학생 foreign student
동창회 alumni association
초대하다 to invite
회비 fee or membership fee
여의도 Yeouido
동아리 student club
서울숲 Seoul Forest
도시락 lunchbox
연극 play
뒤풀이 afterparty
특별하다 to be special
기대가 되다 to anticipate
팬 fan

<2> I'll bake a cake and take it

Lesson objective: to be able to recommend gifts appropriate for different situations

Vocabulary

찻잔 tea set or teacup
집들이 housewarming party
벽시계 wall clock
향초 scented candle
돌잔치 baby's first birthday party
금반지 gold ring
선배 senior or upperclassman
만년필 fountain pen
목욕용품 bath supplies
주방용품 kitchen products
쿠션 cushion
세제 detergent
와인 wine
쿠키 cookie
화분 flowerpot
꽃바구니 flower basket

Unit 7 - Unit 8 Review

Unit 7 - Unit 8 Vocabulary

어울리다 to match with or go together with
바자회 bazaar
초대장 invitation card

Culture: Sizes for Korean Clothes and Shoes

Have you ever bought clothes or shoes in Korea? The sizes for clothes in Korea use the numbers 85, 90, 95, 100, 105, and 110. You would say, "Please give me size 90," or "I wear size 100." For women's formal clothing, the numbers 44, 55, 66, 77, and 88 are used. You can say, "Do you have this dress in 66 (six six)?" The sizes XS, S, M, L, XL, and XXL are also used and you can say, "Do you have this t-shirt in L (large)?" Shoe sizes in Korea use numbers like 230, 235, 240, 245, 250, 270, 275(mm). You would say, "Do you have this pair of sneakers in 240mm?" You can also say, "Please give me this pair of dress shoes in 270."

Unit 9 Appointments

<1> How about we meet at Haneul Park at 11 o'clock?

Lesson objective: to be able to decide on a time and place for an appointment

Vocabulary

드디어 finally
북한산 Bukhan Mountain
문화 센터 culture center

<2> Something sudden came up so I couldn't make the appointment

Lesson objective: to be able to cancel or change an appointment

Vocabulary

취소하다 to cancel
갑자기 suddenly
급하다 to be urgent
생기다 to come into being or happen
이틀 two days
후배 one's junior
끝인사 closing greeting

Unit 10 Request or Favor

<1> I'm sorry but can you help me with the homework?

Lesson objective: to be able to ask a personal favor from someone close to you

Vocabulary

부탁하다 to ask a favor or make a request
도와주다 to help
문제 problem
나흘 four days
빌려주다 to lend
첫인사 opening greeting
잃어버리다 to lose
사흘 three days
바로 immediately
제목 title

<2> Excuse me but can you take a picture for me?

Lesson objective: to be able to make a request appropriate to different situations

Vocabulary

저 well
저기요 excuse me
서류 document
저기 excuse me
부장 director
음 um

Unit 9 - Unit 10 Review

Culture: Etiquette when making a request

I will introduce the etiquette that you need to know when requesting a recommendation letter from your teacher. First, you greet your teacher and introduce yourself. After that, make your request by saying, "I'm sure you are very busy but may I ask you to write a recommendation letter for me?" or "I'm sorry but will you be able to write a recommendation letter for me?" At this time, tell your teacher the name of the school you are applying for and the details of your major. After making an appointment for when and where you will meet your teacher, visit your teacher at that time and show your gratitude by saying, "Thank you. I'll do my best with all the preparations and contact you again with good results."